MIKAEL KROGERUS
ROMAN TSCHÄPPELER

# REDEN

## GUTE IDEEN FÜR BESSERE KOMMUNIKATION



KEIN & ABER

INHALT

## JOB & KARRIERE



## SELBST & ERKENNTNIS



## ANHANG

# WIR MÜSSEN REDEN

Kommunikation ist ein bisschen wie Liebe – sie geht uns alle etwas an, aber niemand kann wirklich sagen, wie man es richtig macht. Kommunikation ist etwas Selbstverständliches, etwas Alltägliches sogar, von dem wir aber nur vage ahnen, wie sie funktioniert. Kein Tag vergeht, an dem wir nicht fragen, lesen, erklären, schreiben, zuhören, streiten, diskutieren oder schweigen. Und doch hat kaum jemand einfache Werkzeuge zur Hand, um Kommunikation zu erleichtern oder zu verbessern. So begann unsere Reise in die Untiefen der Kommunikationswissenschaften.

Für das vorliegende Buch haben wir die wichtigsten Kommunikationstheorien entstaubt, auf Relevanz abgeklopft, verdichtet, visuell aufbereitet und auf heutige Herausforderungen angewandt. Zudem haben wir sie um praktische Tipps und brauchbare Methoden erweitert. Das Ergebnis sind 39 aktuelle Erklärungen für ewige Probleme. Vom Beziehungs- bis zum Bewerbungsgespräch, von Fake News bis zum Filterblaseneffekt, vom Small Talk bis zur Jahrespräsentation.

PS:
Dieses Buch ist eigentlich eine Ausstellung, und das kam so: Das Museum für Kommunikation in Bern kontaktierte uns mit der Bitte, die wichtigsten Theorien der Kommunikationsgeschichte in Diagrammen zu erklären. Bis 2030 können Sie dieses Buch also live im Museum erleben. www.mfk.ch

# Massen & Medien

# 1 Der Rahme

Was für ein Bild w
Welt machen

Strichmännchen

Kinderz

# effekt

uns von der

## WAS FÜR EIN BILD WIR UNS VON DER WELT MACHEN

In der Kommunikation gilt ganz grundlegend: Wie etwas gesagt wird und von wem – der sogenannte »Erzählrahmen« –, entscheidet darüber, wie es verstanden wird. Wenn beispielsweise eine spektakuläre Nachricht in einer seriösen Zeitung erscheint, sind wir eher geneigt, ihr Glauben zu schenken, als wenn ein Boulevardblatt darüber berichtet.

Diese Beobachtung stammt von Erving Goffman, der die jeweiligen Erzählrahmen mit »frames« beschrieb. Wenn wir ein Bild in einem Museum betrachten, wissen wir, dass das Kunst ist, auch wenn es bloß wie ein kindliches Strichmännchen aussieht. Wir kennen den Erzählrahmen »Moderne Kunst«, weil wir ihn erlernt haben – eine Erkenntnis, die auf sozialer Kompetenz fußt. Ein anderes Beispiel: Wenn wir in ein Restaurant gehen, dann wissen wir, wie wir uns benehmen müssen – wie wir mit Kellner*innen interagieren, mit Messer und Gabel umgehen oder was wir mit der Karte anfangen. Das wissen wir, weil wir den Referenzrahmen »Restaurant« kennen. Daher leitet sich auch die nette deutsche Übersetzung von Goffmans Hauptwerk ab: *Wir alle spielen Theater.* Goffman ist der Ansicht, dass wir unser Verhalten jeweils dem Rahmen anpassen, und daher eigentlich in jeder Situation ein anderer Mensch sind. Das bedeutet: Es gibt keine Authentizität. Wir sind eine Person bei der Arbeit, eine andere, wenn wir mit den Eltern sprechen, und wiederum eine andere, wenn wir uns in einer fremden Stadt verlaufen, also das Umfeld nicht kennen.

Die Logik des Framings macht sich die Werbung zunutze. Ein Beispiel: Zwei Joghurts werden zum Kauf angeboten. Der eine wird mit »90 Prozent fettfrei« angepriesen, der andere mit »10 Prozent Fettgehalt«. Obwohl beide gleich viel Fett enthalten, entscheiden sich die Menschen eher für den ersten, fast fettfreien Joghurt, da der Referenzrahmen für den »Joghurt« ein fettfreies, gesundes Produkt vorgibt.

Merksatz: Frames sind keine feststehenden Wahrheiten, sondern kulturell erlernte Deutungsrahmen, aufgrund derer wir Botschaften interpretieren.

# 2 Das Agenda

Wie die Medien ur
bestimmen

# Setting

ere Wahrnehmung

# WIE DIE MEDIEN UNSERE WAHRNEHMUNG BESTIMMEN

Eine der großen Fragen der Kommunikationstheorie lautet: Steuern die Medien unser Denken?

1968 gaben die beiden US-amerikanischen Forscher Maxwell McCombs und Donald Shaw ihre viel zitierte Nein-aber-Antwort: »Nein, die Medien steuern nicht, was wir denken, aber worüber wir nachdenken.« Sie hatten die Massenmedien untersucht – dazu zählte man damals TV, Print und Radio – und daraus ihre »Agenda-Setting-Theorie« entwickelt. Sie besagt, vereinfacht gesagt, dass es zwei Welten gibt: Die eine entspricht der Realität, also dem, was wirklich passiert. Die andere ist das Bild, das wir von dieser Realität haben.

Die Medien formen mit ihrer Art der Berichterstattung unser Bild von der Realität. Aber Achtung: Die Medien bestimmen nicht, was wir von diesem Bild halten. Sie steuern bloß, welche Aspekte der Realität wir überhaupt beachten. In der Sprache der Forscher: Sie setzen die Themen auf unsere Agenda. Es gäbe nämlich tausend andere interessante und relevante Themen, die Medien aber filtern daraus eine bestimmte Auswahl. Das hat Folgen: Wenn etwas auf der Titelseite steht, glauben wir, es sei wichtig. Wenn mehrere Kanäle über ein und dasselbe Thema berichten, denken wir, es sei relevanter als andere Themen. Und wenn nicht darüber berichtet wird, bekommen wir es gar nicht mit.

Agenda-Setting geht von zwei grundlegenden Annahmen aus:

> Massenmedien zeigen nicht die Wirklichkeit, sie filtern und formen sie.
> Massenmedien können nur eine bestimmte Menge an Nachrichten präsentieren. Das verleitet uns zu der Annahme, dass diese auch die wichtigsten Nachrichten sind.

Merksatz: Die Medien können nicht bestimmen, was wir denken. Aber sie können steuern, worüber wir nachdenken.

# 3 Das FOMO-P

Was passiert, wenn
auf Ihr Smartphon

## änomen

Sie mal nicht

schauen

nd

tes

... die wirklich
wichtig sind.

## WAS PASSIERT, WENN SIE MAL NICHT AUF IHR SMARTPHONE SCHAUEN

Das Internet hat die Möglichkeiten, zu kommunizieren, vervielfacht. Wir schreiben nicht mehr nur »one-to-one« (in Form einer persönlichen E-Mail), sondern »one-to-many« (in Form eines Posts oder einer WhatsApp-Gruppennachricht). Zwei wichtige Bestandteile dieser Art der Kommunikation sind Selbstdarstellung und Aktualität: Erstens versuchen wir, uns in öffentlichen Posts nur von unserer besten Seite zu zeigen; wir posten Fotos von perfekt zubereiteten Gerichten, perfekten Urlauben, perfekten Partys. Zweitens geht es darum, vor allen anderen ein lustiges Video, einen neuen Song, ein kluges Zitat zu posten. Es gibt nichts Älteres als einen Post, den man schon kennt.

Aber woher kommt der Drang, dies alles ständig zu tun? Ein Psycholog*innen-Team der University of Essex, unter der Leitung von Andrew Przybylski, hat das Phänomen »Die Angst, etwas zu verpassen« genannt und es unter dem Akronym »FOMO« (»Fear of Missing Out«) populär gemacht. Es ist die zwanghafte Sorge, nicht (mehr) auf dem Laufenden zu sein. Vierzig Prozent aller unter 35-Jährigen leiden darunter, Männer häufiger als Frauen, Jugendliche häufiger als Erwachsene.

Zum besseren Verständnis: Es geht nicht darum, dass wir wirklich etwas verpassen. Es geht um das *Gefühl*, etwas verpasst zu haben. Wir kennen es selbst: Wer sich schlecht, einsam, gelangweilt oder gestresst fühlt, checkt sein Smartphone. Das verstärkt jedoch bloß das schlechte Gefühl. Das Smartphone wirkt bei FOMO wie ein Brandbeschleuniger. Und unterstreicht die vierzig Jahre alte → **Medientheorie** von Marshall McLuhan (S. 52): »The medium is the message.«

Merksatz: Im 21. Jahrhundert gilt nicht mehr
»Ich denke, also bin ich«, sondern
»Man denkt an mich, also bin ich«.
*Peter Sloterdijk*

# 4 Der Konstru

Warum es keine W

Kann man so sehen.

(Oder auch so, wie S

# ktivismus

klichkeit gibt

Kann man auch
so sehen.

e es gerade sehen.)

# WARUM ES KEINE WIRKLICHKEIT GIBT

Ein Gedankenexperiment: Wenn wir alle morgen früh aufwachen und glauben, dass es die Schweiz nicht mehr gibt, nun, dann gibt es sie nicht mehr. Denn alles, worauf die Schweiz aufbaut – Bankgeheimnis, direkte Demokratie, Pünktlichkeit, Wilhelm Tell –, sind letztlich Überzeugungen und keine Wirklichkeiten. Behauptet der »Konstruktivismus«.

Konstruktivismus kurz gefasst: Die Welt ist, was wir glauben, dass sie ist. Denn ist es nicht so, dass die Welt rosarot erscheint, wenn wir verliebt sind, die gleiche Welt aber tiefschwarz wird, wenn wir am Boden liegen? Es gibt also keine Wirklichkeit, wir stellen sie lediglich her, wir *konstruieren* sie. Die Leitfrage des Konstruktivismus, einer Seitenverästelung der Erkenntnistheorie, lautet deshalb: Wie wirklich ist die Wirklichkeit?

Ein gutes Beispiel dafür, wie konstruierte Wirklichkeit unsere Kommunikation beeinflusst, ist die sogenannte selbsterfüllende Prophezeiung, hier in den Worten des konstruktivistischen Denkers Paul Watzlawick und seiner *Anleitung zum Unglücklichsein* von 1983: »Ein Mann will ein Bild aufhängen. Den Nagel hat er, nicht aber den Hammer. Der Nachbar hat einen. Also beschließt unser Mann, hinüberzugehen und ihn auszuborgen. Doch da kommt ihm ein Zweifel: Was, wenn der Nachbar mir den Hammer nicht leihen will? Gestern schon grüßte er mich nur flüchtig. Vielleicht war er in Eile. Vielleicht hat er die Eile nur vorgeschützt, und er hat was gegen mich. Und was? Ich habe ihm nichts getan; der bildet sich da etwas ein. Wenn jemand von mir ein Werkzeug borgen wollte, ich gäbe es ihm sofort. Und warum er nicht? Wie kann man einem Mitmenschen einen so einfachen Gefallen abschlagen? Leute wie dieser Kerl vergiften einem das Leben. Und dann bildet er sich noch ein, ich sei auf ihn angewiesen. Bloß weil er einen Hammer hat. Jetzt reichts mir wirklich. – Und so stürmt er hinüber, läutet, der Nachbar öffnet, doch bevor er ›Guten Tag‹ sagen kann, schreit ihn unser Mann an: ›Behalten Sie Ihren Hammer!‹«

Unsere Wirklichkeit ist also eine Mischung aus Sinneswahrnehmung und Erfahrung. Sie ist subjektiv. Mehr noch: Sie ist eine Konstruktion.

Merksatz: »Was wir sehen, ist nicht,
was wir sehen, sondern, was wir sind.«
*Fernando Pessoa*

# 5 Visuelle Kor

## Wie man Zeichen c

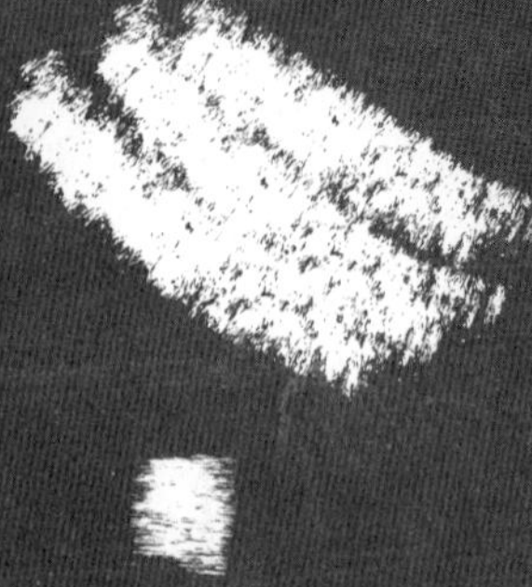

böse

# munikation

tet

lustig

# WIE MAN ZEICHEN DEUTET

Wenn wir etwas mitteilen wollen, benutzen wir Zeichen – Wörter, aber auch Gestik, Mimik, Formeln, Symbole oder Verkehrsschilder –, die unser Gegenüber in Bedeutung übersetzen muss: Wir hören ein Wort oder sehen ein Zeichen und erkennen darin ein Bild. Die Lehre von den Zeichen heißt Semiotik, sie ist eine Art Querschnittswissenschaft aus den Disziplinen Psychologie, Philosophie, Soziologie, Sprachwissenschaft, Informatik, Gestaltung, Kunst und Mathematik.

Kleiner Grundkurs in Semiotik:

Manche Zeichen – das Hakenkreuz, eine Ampel, der Nike-Swoosh – sind schneller und deutlicher lesbar als Worte. Wir sehen sie und erkennen sofort, was gemeint ist. Wir haben eine Geschichte, eine Bewertung, einen Befehl oder eine Botschaft im Kopf.
Die Wahrnehmung geht bei den meisten Menschen von Bild zu Text. Wir erinnern uns an Zeichnungen besser als an Worte, erkennen Muster eher in Darstellungen als in Sätzen.
Einige der bedeutendsten Semiotiker*innen sind der Ansicht, dass alles Zeichen sind: der Rolls-Royce vor der Tür, der blaue Himmel, ein Dollar-Schein, offene Schnürsenkel, ein halb leeres Glas Wasser, ein Stau auf der Autobahn, ein Sonnenuntergang – nichts kann nur als das wahrgenommen werden, was es ist. Es wird immer vom Betrachtenden als ein Zeichen für etwas interpretiert werden.

»Mit dem Visuellen verhält es sich wie mit der Politik: Jeder meint, etwas vom Thema zu verstehen, und in gewissem Maße stimmt das auch.« Der Satz stammt von Marion G. Müller, formuliert in ihrem Standardwerk *Grundlagen der Visuellen Kommunikation*. Sie spricht damit das zentrale Wesen der Zeichenlehre an: Sie ist komplex und muss zugleich verständlich sein, sonst entsteht keine Kommunikation.

Merksatz: Überall dort, wo wir nicht auf Natur, sondern auf Kultur stoßen, finden wir Zeichen.

# 6 Die Lasswel

Woran Sie Fake Ne

**Formel**

erkennen

ber

elchen

mit

lchem

?

## WORAN SIE FAKE NEWS ERKENNEN

Der Begriff Fake News hat in den letzten Jahren eine steile Karriere hingelegt. Sobald eine Meldung uns nicht in den Kram passt, rufen wir: »Fake News«! Aber ist jeder Fehler in der Zeitung wirklich ein »Fake«? Nein. Denn natürlich passieren beim Zeitungsmachen Fehler – zumal in Zeiten, in denen überall gespart wird. Der Unterschied zwischen Fehler und Fake: Fakes sind Nachrichten, die mit Absicht gefälscht und in Umlauf gebracht worden sind.

Aber auch korrekte Meldungen können uns beeinflussen. Das Fachwort hierfür ist Public Relations (PR, Öffentlichkeitsarbeit). Der Erfinder der PR war Edward L. Bernays (Fun Fact: Er war der Neffe von Sigmund Freud, dem Begründer der Psychoanalyse). Sein Grundlagenwerk, 1927 geschrieben, trug ursprünglich den Titel *Propaganda*, später änderte er ihn in *Public Relations*. Streng genommen bedeuten beide Begriffe dasselbe, denn Bernays schrieb: »Die bewusste und intelligente Manipulation der Gewohnheiten und Meinungen der Massen ist ein wesentlicher Bestandteil demokratischer Gesellschaften. (…) Wir werden regiert, unser Verstand geformt, unsere Geschmäcker gebildet, unsere Ideen größtenteils von Männern suggeriert, von denen wir nie gehört haben. Dies ist ein logisches Ergebnis der Art und Weise, wie unsere demokratische Gesellschaft organisiert ist.« Eine ziemlich gute Beschreibung unserer Welt, nicht wahr? Aber wie ist der merkwürdig euphorische Ton in Bernays Text zu verstehen?

So: Meinungsfreiheit ist ein urdemokratisches Recht. Wenn aber alle ihre Meinung sagen, prallen Millionen Meinungen und Interessen aufeinander, und es entsteht ein Chaos. Entweder ordnet also jemand das Chaos durch Einschränkung – das wäre Diktatur. Oder man vertritt seine Meinung auf dem Meinungsmarkt möglichst attraktiv. Man darf alle Regeln der Kunst anwenden, um sich durchzusetzen. Man darf ein wenig manipulieren, tricksen und übertreiben, um sich interessant zu machen. Jede Art von Suggestion ist, nach Bernays, nichts anderes als ein Vorschlag. Dieser Vorschlag lässt sich nun attraktiv oder weniger attraktiv gestalten. Die Entscheidung, ob ich ihm folge oder nicht, liegt bei mir. Soll heißen: PR und Werbung kann uns zu nichts zwingen, was wir nicht wollen.

Wer nun versucht, Propaganda (oder eben Fake News) zu analysieren, kann sich an eine Formel halten, die der amerikanische Soziologe Harold D. Lasswell 1948 mehr als Witz formulierte, die aber erstaunlicherweise auch heute noch ganz gut funktioniert, um zum Beispiel Fakes von echten Fakten zu unterscheiden. Die Formel lautet: »Wer sagt was über welchen Kanal zu wem mit welchem Effekt?« Wer diese Fragen beantwortet, richtet den Blick von der Botschaft auf den Absender.

Merksatz: Nicht jeder Fehler ist ein Fake, nicht jeder Fake ist eine Bedrohung der Demokratie. Denn die Entscheidung, ob Sie ihm folgen oder nicht, liegt mit dieser Formel bei Ihnen.

# 7 Der Eupher

Wie wir durch Spr

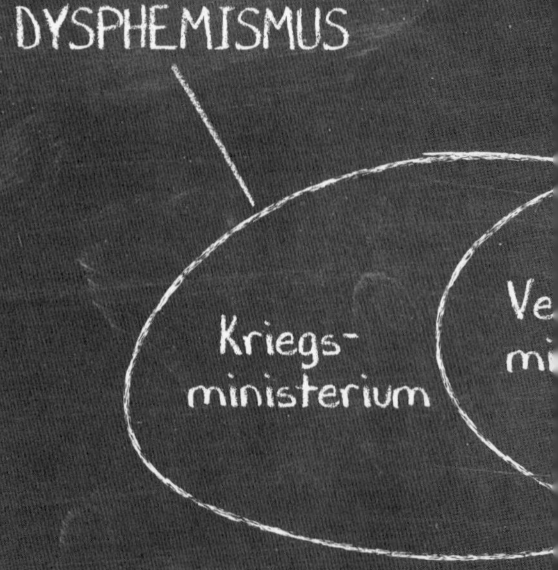

## smus

e verschleiern

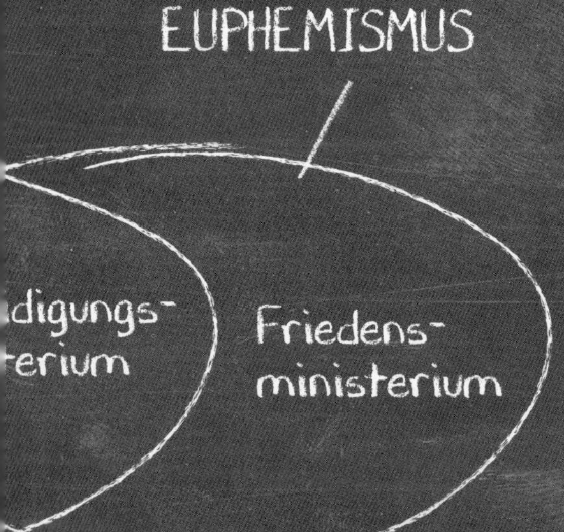

## WIE WIR DURCH SPRACHE VERSCHLEIERN

Unter Euphemismus versteht man sprachliche Beschönigungen: Regierungen sprechen lieber von »alternativen Verhörmethoden« als von Folter. Konzerne vermelden keine Verluste, sondern »negative Zuwachsraten«, aufgrund derer Menschen nicht entlassen, sondern »freigestellt« werden. Diese sind dann »arbeitssuchend«, nicht arbeitslos. Produkte sind »preiswert«, nicht billig, das Altersheim ist eine »Seniorenresidenz«, wer aus sozial schwächeren Familien kommt, ist »bildungsfern«. Versieht man etwas mit negativer Bedeutung, entsteht ein Dysphemismus (auch Kakophemismus genannt): Menschen, die Sozialhilfe empfangen, werden zu »Parasiten«, eine Zunahme der Migration zur »Masseneinwanderung«.

Euphemismen sind die Tarnkappenbomber der Rhetorik. Auf den ersten Blick sind sie unsichtbar, und wenn man sie erkennt, ist der Schaden oft schon angerichtet. Die Behörden des Dritten Reichs liebten Euphemismen: »Abwanderung« statt Deportation, »Blutschutz« statt Reinrassigkeit, »Flurbereinigung« statt Vertreibung, »Konzentrationslager« statt Vernichtungslager.

Euphemismen finden sich in fast allen politischen Verlautbarungen, so auch in den Bezeichnungen der Schweizer Volksinitiativen. Das war aber nicht immer so. Die erste Volksinitiative überhaupt setzte sich ein für ein »Verbot des Schlachtens ohne vorherige Betäubung« (1893) – eine nüchterne Beschreibung des geplanten Verbots. Heute klingen die Initiativen eher wie Werbeslogans. Sie beschönigen oder dramatisieren, je nach Absicht der Initianten: »Für krisensicheres Geld: Geldschöpfung allein durch die Nationalbank!« oder »Für Ehe und Familie – gegen die Heiratsstrafe«.

Merksatz: Der Euphemismus
ist die Muttersprache der Manipulation.

# 8 Der Sophisr

Wie man mit Sche
alles erklären kann

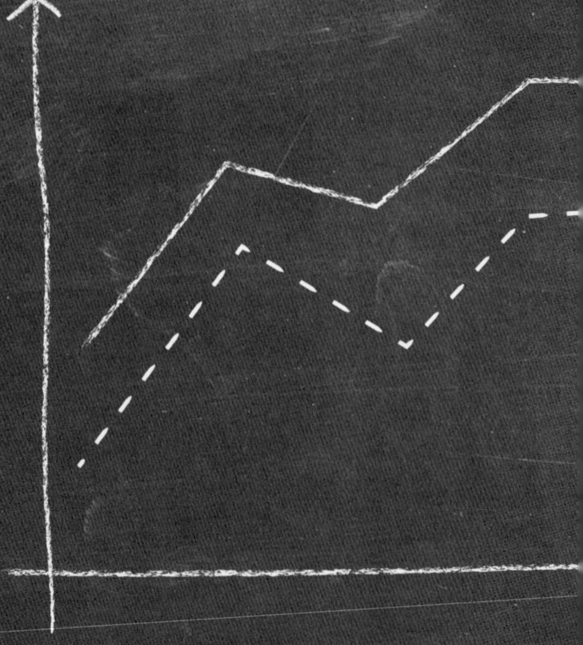

## US

orrelationen praktisch

# WIE MAN MIT SCHEINKORRELATIONEN PRAKTISCH ALLES ERKLÄREN KANN

Im antiken Griechenland war die Debatte das zentrale Element der Meinungsbildung. Dabei unterschied man zwischen guter und schlechter Argumentation:

> Gute Argumentation will überzeugen, lässt sich aber auch selbst überzeugen. Sie ist, vereinfacht gesagt, die Suche nach der Wahrheit.
> Schlechte Argumentation hat kein Interesse an der Wahrheitsfindung, sie will recht haben oder recht behalten.

Solche schlechten Argumente nannte Platon »sophistisch«. Die Sophisten behaupteten, jede Position argumentativ und dem Anschein nach logisch begründen zu können. Mit rhetorischen Mitteln → **Rhetoriktheorie** (S. 116) und logischen Kunstgriffen versuchten sie, ihre Gegner in der Debatte zu besiegen. Die Sophisten waren unpopulär, verachtet und – erfolgreich.

Ein bekanntes Beispiel ist das von Euathlos, der sich von Protagoras in der Sophistik ausbilden ließ. Sie vereinbarten, dass Euathlos seine Ausbildung erst bezahlen müsse, wenn er seinen ersten Gerichtsprozess gewonnen habe. Nach der Ausbildung aber wählte Euathlos einen anderen Beruf. In diesem führte er keine Prozesse, konnte folglich auch keinen gewinnen und wollte daher für seine Ausbildung nicht bezahlen. Daraufhin verklagte ihn Protagoras und argumentierte sophistisch: »Euathlos muss auf jeden Fall bezahlen: Entweder weil er diesen Prozess gewinnt – was ein Zeichen seiner guten Ausbildung wäre, oder aber, weil ihn das Gericht dazu verurteilt.« Euathlos, der von Protagoras bestens ausgebildete Sophist, hielt dagegen: »Ich muss auf gar keinen Fall bezahlen, denn entweder verliere ich den Prozess, dann war meine Ausbildung schlecht, oder aber das Gericht entscheidet zu meinen Gunsten.« Das klingt nach einem scharfsinnigen, logischen Argument, aber auch nach einem absichtlich herbeigeführten Fehlschluss – einem Sophismus.

Nun sollte man nicht meinen, dass der Sophismus mit der Antike ausgestorben sei. Im Gegenteil, es gibt ihn noch immer, und er erfreut sich sogar bester Gesundheit! Ein modernes Beispiel sind sogenannte Scheinkorrelationen: »Im Frühling kommen die Störche aus dem Süden zurück. Im Frühling steigt nachweislich die Anzahl der Geburten. Da besteht doch ein Zusammenhang!« Nein. Die beiden Aussagen korrelieren, sind aber nicht kausal. Mehr noch: Sie haben nichts miteinander zu tun.

Merksatz: Ein Sophismus ist ein auf den ersten Blick logisches Argument, das aber nicht logisch ist.

# 9 Die Kultivier

Wie Medien unsere

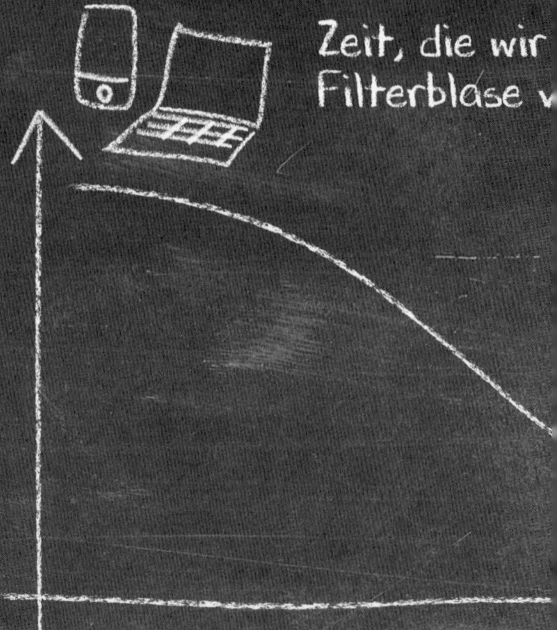

## ungsthese

Meinungen bestätigen

unserer

ringen

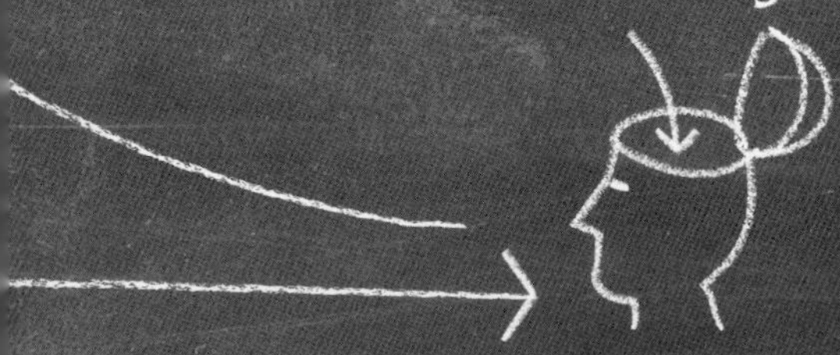

## WIE MEDIEN UNSERE MEINUNGEN BESTÄTIGEN

Eine der meistzitierten Kommunikationstheorien, die »Kultivierungsthese« (Cultivation Theory) von George Gerbner, besagte 1976: Wer (viel) Fernsehen schaut, »kultiviert« den Glauben, dass das, was er im Fernsehen sieht, der Realität entspricht. Gerbner zeigte, dass sich das Realitätsbild durch hohen TV-Konsum verändert und auch, dass der Konsum Angst erzeugt.

Massenmedien – früher Filmindustrie und das Fernsehen, heute eher Games und Internet – zeigen eine übertriebene, stilisierte Welt. Wir beginnen, so die These von Gerbner, die reale Welt so zu sehen wie die stilisierte Welt auf dem Bildschirm. Ein Beispiel: Im Alltag sehen wir eher selten Polizist*innen mit gezückten Waffen. Im Krimi hingegen handelt es sich dabei um eine Standardsituation. In der Wirklichkeit sehen wir selten Gewalt, auf dem Bildschirm hingegen ständig. Wenn wir nun über einen längeren Zeitraum viele Fernsehbilder dieser Art konsumieren, dann verändert sich unsere Wahrnehmung der Wirklichkeit, und es findet eine Übertragung statt: Auch wenn wir keine Gewalt sehen, glauben wir, die Welt sei gewalttätig. Die Gewalt- und Angstdarstellungen lassen uns folglich im Alltag ängstlicher werden.

Medien beeinflussen uns also. Aber wie stark? Heißt das zum Beispiel, dass exzessives Computerspielen (Ego-Shooter) zu Amokläufen führen kann? Nein, Meinungen und Weltanschauungen werden durch die Medien nicht gebildet. Aber sie werden durch die Medien verstärkt! Wer also schon vorher gewaltverherrlichende Fantasien hatte, wird im Internet dafür Bestätigung finden. Wer eher friedliches Miteinander mag, wird auch durch nächtelanges Dauerschauen von Gewaltdarstellungen nicht in einen Serienmörder verwandelt.

Wichtig ist in dem Zusammenhang die Tatsache, dass wir am liebsten Dinge anschauen, die wir mögen – am deutlichsten wird das am Beispiel des sogenannten Filterblaseneffekts: Im Internet versuchen Algorithmen vorherzusagen, welche Informationen wir suchen, basierend auf unseren Interessen und Ansichten. Die Möglichkeit, uns von einer gegenteiligen Meinung zu überzeugen, ist also gering, weil wir alternative Botschaften gar nicht serviert bekommen.

Die Kultivierungsthese ist für ihren unterkomplexen Ansatz kritisiert worden. Zuschauende werden als passive, manipulierbare Objekte betrachtet. Wer sich für die Gegenmeinung interessiert, schaue sich den → **Konstruktivismus** (S. 20) an.

Merksatz: Wer Äpfel mag und stundenlang Fernsehfilme über Birnen schaut, wird hinterher nicht plötzlich Birnen lieber mögen. Wer allerdings Birnen bereits mag und stundenlang Filme über Birnen sieht, wird danach Birnen noch mehr mögen.

# 10 Feministisc

Warum wir das * b

# e Linguistik

utzen (sollten)

## WARUM WIR DAS * BENUTZEN (SOLLTEN)

Sprache ist nicht nur ein Instrument der Verständigung, sie prägt auch unser Denken, unser Empfinden und unsere gesellschaftlichen Werte. Wie wir sprechen, ist immer Ausdruck unserer sozialen Wirklichkeit. Sprache kann deshalb auch eine Form von Machtausübung oder Diskriminierung sein, zum Beispiel durch eine rassistische Beschimpfung oder in Form von sprachlicher Unsichtbarmachung oder »Auslöschung«, wie es die Sprachanalytikerin Luise Pusch nennt. Eine solche Auslöschung geschieht bei der Verwendung des sogenannten »generischen Maskulinums«: In der deutschen Sprache wird für gemischtgeschlechtliche Gruppen oft nur die männliche Form verwendet (»Die Ärzte sorgen gut für ihre Patienten«). Es heißt dann, Frauen seien in der maskulinen Schreib- und Sprechweise mitgemeint. De facto aber sind die Frauen unsichtbar, sie verschwinden aus unserer Vorstellung. Untersuchungen haben gezeigt, dass wir bei maskulinen Personenbezeichnungen, wie etwa »Ärzte«, primär an Männer denken. Wenn hingegen von »Ärzt*innen die Rede ist oder von »Ärzten« und »Ärztinnen«, haben die Leute auch Frauen vor Augen → **Standpunkttheorie** (S. 48).

Wie Eva aus Adams Rippe wird die weibliche Bezeichnung in der deutschen Sprache aus der maskulinen Form abgeleitet – und praktisch nie umgekehrt. Diese Logik spiegelt sich in der gesellschaftlich nachgeordneten Stellung der Frauen, die nicht nur sprachlich bis heute wirkt. Aus diesem Grund plädiert die feministische Linguistik seit einigen Jahrzehnten dafür, sprachlich neue Formen wie zum Beispiel das Binnen-I zu verwenden, also »ÄrztInnen« oder »SchülerInnen«. Andere Formen sind der Gender Gap (»Geschlechter-Lücke«), um auch transsexuelle oder non-binäre Personen einzubeziehen (»Schüler_innen«), oder der Gender-Stern (»Schüler*innen«). Gesprochen wird die Form übrigens, indem das »innen« neu angesetzt wird (so als wäre es das Gegenteil von »Mitarbeiter außen«). Wenn Sie trans-inklusiv sein wollen, verwenden Sie gegenüber Gruppen mit unbekanntem Geschlecht keine gegenderten Anreden (nicht: »Sehr geehrte Mitarbeiterinnen und Mitarbeiter«, sondern »Sehr geehrte Anwesende«). Neutral sind auch: »Publikum«, »Kollegium«.

Feministische Sprachkritik wurde lange belächelt. Allerdings können wir über die Jahre beobachten, wie sich trotz des Spottes Veränderungen etabliert haben. Im Vergleich: Heute lachen wir über das Wort »Fräulein«, früher wurden diejenigen verspottet, die den Begriff abschaffen wollten.

Merksatz: Sprache kann der Realität vorausgehen.
Wir formulieren etwas, wir denken entsprechend
und handeln danach.

# 11 Die Standpu

## Was Meinung mit

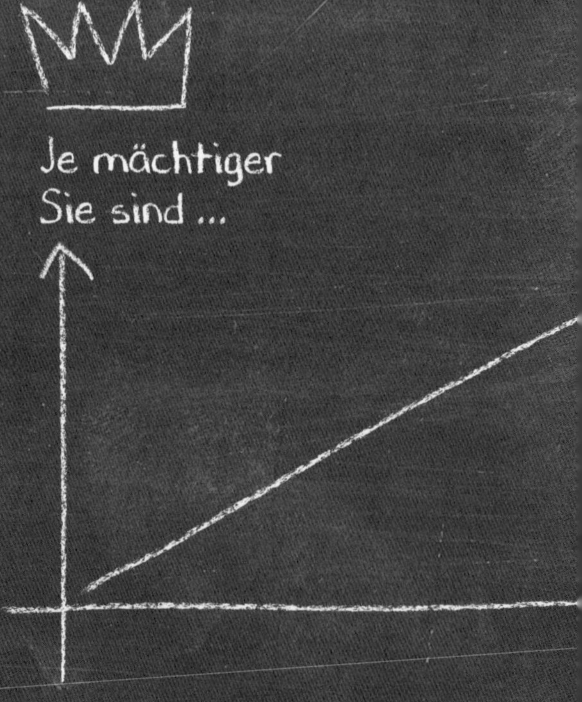

# akttheorie

ucht zu tun hat

... desto überzeugter sind Sie, dass Ihre Meinung objektiv ist.

## WAS MEINUNG MIT MACHT ZU TUN HAT

Jeder hat eine Stimme, aber nicht jede Stimme wird gehört. Jene Stimmen, die sich durchsetzen, bezeichnet man als »hegemonial«, als vorherrschend. Die Herstellung von Hegemonie hat wenig mit Demokratie, aber viel mit Macht zu tun. Es geht um die Frage, wer etwas Richtiges oder Wichtiges sagt, und immer auch darum, wer in einer Gesellschaft über genügend Mittel und Einfluss verfügt, seine Meinung als richtig oder wichtig zu definieren → **Feministische Linguistik** (S. 44).

Die hegemoniale Sicht hält sich für neutral. Alles, was von ihr abweicht, ist speziell und wird anderen zugewiesen. Das Hegemoniale behauptet von sich, keine spezifische Sichtweise, Position oder Lebenserfahrung zu haben, sondern versteht sich als etwas, das »einfach so ist«.

Ein Beispiel: Die meisten Medienberichte in der westlichen Welt stammen von weißen Journalisten. Dennoch wird in den Nachrichten nie gesagt: »Heute hören Sie die News aus einer weißen, männlichen Perspektive.« Das »Weiße« und das »Männliche« wird nicht benannt, denn es gilt als das Allgemeine, das Neutrale, das Unspezifische. Ein anderes Beispiel: Bei einem heterosexuellen Ehepaar wird nicht speziell erwähnt, dass es heterosexuell ist, bei einem homosexuellen schon.

Mit dem Konzept der hegemonialen Stimmen ist die Frage verbunden, *welche Wahrheiten* sich durchsetzen. Hier kommen wir zum Kern der sogenannten »Standpunkt-Theorie«, deren wichtigste Vertreterinnen Donna Harraway und Sandra Harding sind. Sie sagen, dass eine Stimme – oder ein Standpunkt – nicht objektiv, neutral oder außerhalb der gesellschaftlichen Verhältnisse sein kann. Auch hier ein Beispiel: Die Vorstellung von den Urmenschen, die auf Mammutjagd gingen, galt in der Wissenschaft lange – und in Kinderbüchern bis heute – als objektiv wahr. Urmenschen, konkret: Ur-Männer begaben sich auf gefährliche Mammutjagden. Tatsächlich entstand dieses Bild im 19. Jahrhundert, in einer Zeit, als das Jagen nicht mehr lebensnotwendig, sondern nur noch prestigeträchtig war. Die Archäologie vernachlässigte in ihren Interpretationen der Urgeschichte daher unspektakuläre Arten der Nahrungsbeschaffung wie Beeren und Wurzeln sammeln oder Kleintiere in Fallen locken.

Achtung: Das heißt nicht, dass Männer nicht auch ab und an ein Mammut erlegten. Es unterschlägt aber die Tatsache, dass sie vor allem Beeren sammelten. Hier waren die Geschichtsschreiber nicht objektiv, sondern bestätigten das Klischee vom Mann als mutigem Kämpfer, Krieger und Familienernährer als eine Art Naturgesetz.

Merksatz: Wenn Sie glauben, dass Sie eine objektive Meinung vertreten, fragen Sie sich: Welche anderen Sichtweisen wurden ausgeschlossen, damit sich Ihre durchsetzen konnte?

# 12 McLuhans M

Warum das Medium

Wie stark es Ihr

edientheorie
die Message ist
rhalten verändert
iPhone
#JeSuisCharlie
#occupywallstreet
#brexit

# WARUM DAS MEDIUM DIE MESSAGE IST

Der privat eher spröde US-amerikanische Medienwissenschaftler Marshall McLuhan (1911–1980) wurde 1967 zum weltweit meistdiskutierten Intellektuellen. Der Grund: Er hatte die sogenannte Medienrevolution, den Wechsel vom Buchdruck zum Bewegtbild (TV) in einem einzigen Satz zusammengefasst: »The medium is the message« (Das Medium ist die Botschaft). Obwohl der Satz einfach klingt, ist er nicht ganz leicht zu verstehen.

**Was bedeutet der Satz?**

Er bedeutet nicht das, was man zunächst denkt, nämlich dass das Medium wichtiger geworden sei als die Botschaft. (Kleiner Hinweis: Bei McLuhan geht es nie um das Naheliegende, das Offensichtliche, das Logische). Der Satz bedeutet vielmehr, dass die Medien nicht aufgrund ihrer Botschaften wichtig sind, sondern weil sie unser Verhalten, unser Denken, unser Leben verändern.

**Und was bedeutet das?**

Wenn man Medien sagt, meint man zumeist lediglich den Kanal, über den Informationen fließen. McLuhan glaubte nun, dass dieser Kanal für unsere Kultur prägender sei als die eigentliche Botschaft. Wenn die Botschaft sich ändert, ändern wir bloß unsere Meinung. Wenn aber die Medien sich ändern, dann ändern wir unser Verhalten. Das klang in den 1960er-Jahren verrückt.

Viel besser versteht man McLuhans Aussage im Zusammenhang mit dem Aufkommen sozialer Medien und seit dem Nachdenken darüber, wie Smartphones unseren Alltag dominieren. Plötzlich ist sonnenklar, was McLuhan meinte: Nicht das, was wir auf dem Smartphone lesen, verändert unser Verhalten, sondern dass wir auf dem Smartphone lesen.

»Wir formen unsere Werkzeuge und die Werkzeuge formen uns«, schrieb McLuhan. Er schrieb auch: »Die Leute lesen nicht wirklich in der Zeitung. Sie steigen jeden Morgen in sie ein wie in ein heißes Bad.« – Gab es je eine bessere Beschreibung für das Internet? Zeit seines Lebens wurde McLuhan übrigens von Hippies immer ernster genommen als von Akademiker*innen. Was ein doppeltes Missverständnis war, denn eigentlich lehnte der konservative Katholik die medialen Entwicklungen ab, die er beschrieb.

Merksatz: Nicht die Nachrichten verändern uns,
sondern die Medien.

# 13 Das Encodi
# Decoding-

Wie unterschiedlich
verstehen kann

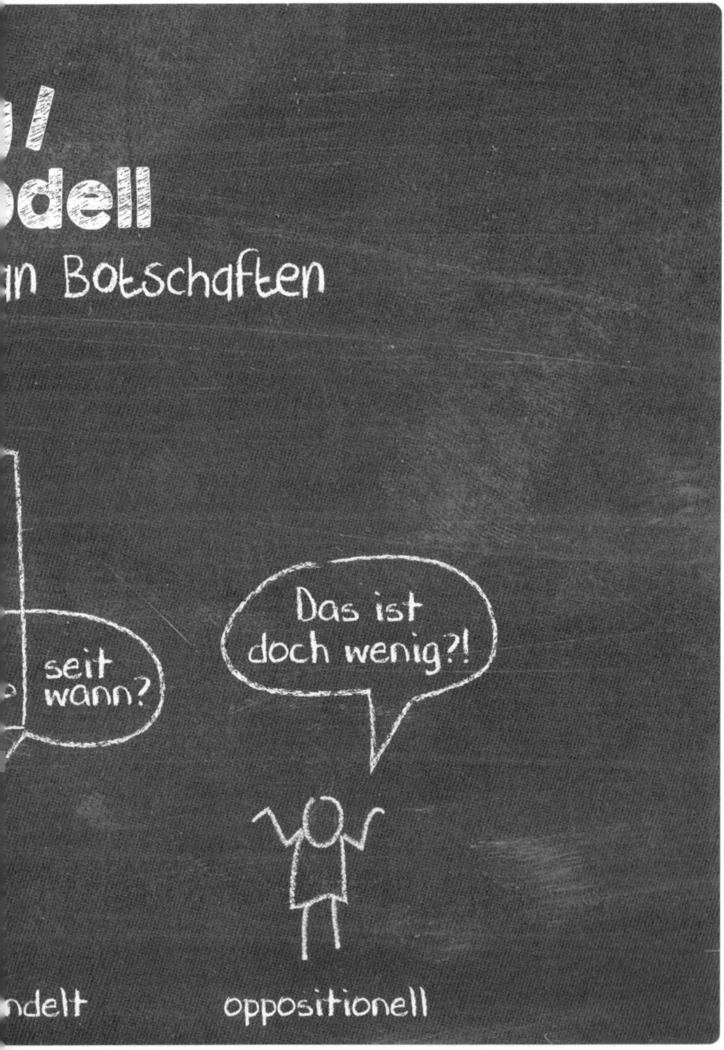
Botschaften
seit wann?
Das ist doch wenig?!
oppositionell

## WIE UNTERSCHIEDLICH MAN BOTSCHAFTEN VERSTEHEN KANN

Eine kleine, aber weitreichende Frage: Ist das, was ich höre, auch das, was du sagst? Jedes Kind, das schon einmal Stille Post *(Flüsterpost)* gespielt hat, kennt die Antwort: nicht immer.

Einer der großen Theoretiker der Kommunikationsgeschichte war der gleichen Ansicht. Stuart Hall (1932–2014), so hieß er, ging sogar noch weiter. Er glaubte nicht nur, dass wir etwas falsch verstehen können, sondern dass das Verstehen an sich eine Handlung ist. Denn wir verstehen ein und dieselbe Botschaft anders, je nachdem welcher sozialen Schicht wir angehören, welchen Wissensstand oder ethnischen Hintergrund wir haben. Aber vor allem auch je nachdem, wie wir sie verstehen wollen.

Ein Beispiel hierfür ist die Fernsehserie *Star Trek* aus den 1960er-Jahren. Viele Fans interpretierten die Serie als klassisches Science-Fiction-Abenteuer im All. Aber in der Gay-Community wurden die engen Männerbeziehungen und die verblüffend bunte Crew (Schwarzafrikanerin, Asiate, Russe, Vulkanier etc.) als Anspielung darauf verstanden, dass bestimmte Figuren der Serie schwul seien. Dass der Star-Trek-Schöpfer Gene Roddenberry dies verneinte, war kein Hindernis, weil, gemäß Stuart Hall, die Botschaft beim Empfangen verändert werden kann. Die Fans sahen also in der Serie das, was sie sehen wollten.

Das »Encoding/Decoding-Modell« stellt sich quer zur klassischen Vorstellung des Sender-Empfänger-Modells, die dem Empfangenden eine passive Rolle zuspricht. Für Hall war die Rezeption eine produktive Auseinandersetzung mit der Botschaft, die immer auch anders verstanden werden kann. Der Absendende codiert die Nachricht mit einer bestimmten Absicht. Der Empfangende decodiert die Nachricht, um sie zu verstehen. Dieses Decodieren kann auf drei unterschiedliche Arten geschehen:

**dominant-hegemonial** (die gewünschte Lesart – wir verstehen es so, wie der Absender es will)
**oppositionell** (die widerständige Lesart – wir verstehen es anders oder sogar umgekehrt, als es gemeint war)
**ausgehandelt** (eine Mischform von beiden)

Merksatz: Eine Botschaft ist nicht nur das, was gesagt wird. Sie ändert sich je nachdem, wie sie verstanden wird.

# Liebe & Freundschaft

# 14 Watzlawic
## Wie Beziehungen

# Axiomtheorie

eitern

enervt,

örgelt.

elt,

ervt ist.

# WIE BEZIEHUNGEN SCHEITERN

Ein Axiom ist eine gültige Wahrheit, die keinen Nachweis braucht. Ende der 1960er-Jahre stellte der Kommunikationswissenschaftler Paul Watzlawick zusammen mit einem Forscherteam die fünf Axiome auf, woran zwischenmenschliche Kommunikation – vor allem in Beziehungen – scheitert.

**1. Man kann nicht nicht kommunizieren**

Ein Mann kommt nach Hause, setzt sich, starrt vor sich hin, schweigt. Die Frau sieht ihn an, fragt ihn, wie es ihm geht. Er sagt nichts – und doch kommuniziert er etwas. Man versteht sofort, dass etwas vorgefallen sein muss. Selbst wenn man also nichts sagt, sagt man etwas.

**2. Jede Kommunikation hat einen Beziehungsaspekt und einen Inhaltsaspekt**

Der Inhaltsaspekt ist das, was wir sagen. Der Beziehungsaspekt beinhaltet das, wie wir etwas sagen, aber auch wer etwas sagt → **Schulz von Thuns Kommunikationsmodell** (S. 74). *Wer* etwas sagt und wie etwas gesagt wird, wiegt immer schwerer, als was gesagt wird. Wenn uns ein wildfremder Mensch beleidigt, trifft uns das weniger, als wenn unser Partner das tut.

**3. Kommunikation ist immer Ursache und Wirkung**

Die Frau ist genervt, weil der Mann nörgelt. Der Mann nörgelt, weil die Frau genervt ist.

**4. Menschliche Kommunikation bedient sich analoger und digitaler Modalitäten**

Mit *digital* meint Watzlawick verbal, mit *analog* nonverbal – also das Augenrollen, das süffisante Lächeln, die zweideutige Betonung. Stimmen die beiden Ebenen nicht überein, reden wir aneinander vorbei.

**5. Kommunikation ist symmetrisch oder komplementär**

Beziehungen zwischen Partnern sind entweder symmetrisch (gleichwertig) oder komplementär (ergänzend). Symmetrisch bedeutet, wir reden auf Augenhöhe (in der Beziehung), komplementär bedeutet, es herrscht eine Art Hierarchie (zum Beispiel zwischen Lehrer und Schüler). Wenn wir uns nicht einig sind, ob hier gerade komplementär oder symmetrisch kommuniziert wird, gibt es Probleme.

Merksatz: »Um einen Stein zu zertrümmern, braucht man einen Hammer, um eine kostbare Vase zu zerbrechen, genügt eine flüchtige Bewegung. Aber um das Herz eines Menschen zu treffen, genügt oft ein einziges Wort.«
*Eugen Drewermann*

# 15 Die Spielthe

## Warum es sich loh

# rie
miteinander zu reden

## WARUM ES SICH LOHNT, MITEINANDER ZU REDEN

Das 20. Jahrhundert war das Jahrhundert der Massenmorde. Zwei Weltkriege innerhalb von dreißig Jahren. Dazwischen miese Diplomatie. Die Logik dieser Zeit: Wer klug ist, gibt nicht nach, sondern setzt sich durch. Es gewinnt, wer handelt, nicht, wer verhandelt. Am Ende lag Europa in Trümmern.

Zeitgleich entwickelten John von Neumann, ein Mathematiker, und Oskar Morgenstern, ein Ökonom, unter dem Eindruck der Weltkriege ihre berühmte »Spieltheorie«. Sie untersucht Konfliktsituationen, in denen das Ergebnis für alle Teilnehmer*innen von den Entscheidungen der anderen abhängt. Also wie bei Verhandlungen. Die Spieltheorie fußt auf der Beobachtung, dass sich Menschen in Konfliktsituationen nicht anders verhalten als bei Brettspielen: Sie wollen gewinnen, aber dabei die Regeln des Spiels einhalten, denn sonst funktioniert es nicht. Aber wie verhält man sich richtig? Wie gewinnt man, ohne das Spielbrett umzustoßen? Die Lösung: indem man aufeinander zugeht und miteinander spricht. Um es mit den Worten der Spieltheoretiker zu sagen: indem man kooperiert.

Nehmen wir ein einfaches Beispiel: Die meisten Erwachsenen kommen an Weihnachten früher oder später auf die Idee, sich gegenseitig nichts mehr zu schenken. Der ewige Konsumzwang nervt, und was soll man schon Menschen schenken, die alles haben? Typischerweise kauft doch immer jemand ein Geschenk, obwohl man sich vorher einig war, nichts zu schenken. Wer nun ein Päckchen erhält, aber keines verschenkt, hat ein schlechtes Gewissen; wer etwas schenkt, aber nichts erhält, ist enttäuscht. Die Folge: Konflikte. Es gibt logischerweise nur zwei Lösungen, und beide haben mit Kommunikation zu tun: Man verständigt sich verbindlich darüber, ob a) jede*r oder b) niemand etwas bekommt. Diese supereinfache spieltheoretische Lösung lässt sich aber nur erzielen, wenn erstens beide Personen aufeinander zugehen und sich zweitens verbindlich einigen. Zwei komplexe Handlungen, die Menschen schwerfallen.

Merksatz: Der Klügere gibt nicht mehr nach,
er redet mit dem Stärkeren.

# 16 Das Kooper

## Wie man sich ausd
## um verstanden zu

# tionsprinzip

ken sollte,

rden

## WIE MAN SICH AUSDRÜCKEN SOLLTE, UM VERSTANDEN ZU WERDEN

Hier die Top-3-Liste der Dinge, die uns unglücklich machen: Jemanden lieben, ohne geliebt zu werden. Freunde suchen und keine finden. Etwas sagen und nicht verstanden werden.

Für die ersten beiden Probleme gibt es keine Lösung. Für das dritte immerhin ein Prinzip: Der britische Philosoph Paul Grice (1913–1988) widmete sein Forscherleben diesem Problem und formulierte schließlich 1975 das sogenannte »Kooperationsprinzip« – die Grundregel des Verstehens:

»Gestalte deinen Gesprächsbeitrag so, dass er dem anerkannten Zweck dient, den du gerade zusammen mit deinen Kommunikationspartnern verfolgst.«

Man könnte meinen, dass Grice selber etwas Sprachtraining bräuchte, aber schauen wir genauer hin, wofür das Kooperationsprinzip eigentlich steht. Grice ging davon aus, dass Sprecher*innen und Zuhörer*innen sich grundsätzlich kooperativ verhalten müssen (und auch wollen). Das heißt, der oder die eine will verstanden werden, der oder die andere will verstehen. Damit das aufgeht, stellte Grice vier Konversationsmaximen auf:

1. **Maxime der Quantität** – Sage genug, damit dich dein Gegenüber versteht, aber nicht mehr als nötig, sonst stiftest du Verwirrung.
2. **Maxime der Qualität** – Sage die Wahrheit, spekuliere nicht, verleite dein Gegenüber nicht dazu, etwas anderes zu glauben.
3. **Maxime der Relevanz** – Sage nichts, was nichts zur Sache tut, wechsle nicht das Thema.
4. **Maxime des Stils** – Vermeide Unklarheit, Mehrdeutigkeit, Weitschweifigkeit, Sprunghaftigkeit, und halte dich an eine logische Abfolge.

Merksatz: Sage nur, was wahr und wichtig ist,
und sage dies klar und deutlich.

# 17 Schulz von Kommunika

Warum wir miteina
wie wir miteinande

Du, es
ist grün!

Gestörte

# nuns
# onsmodell

er darüber reden sollten,
reden

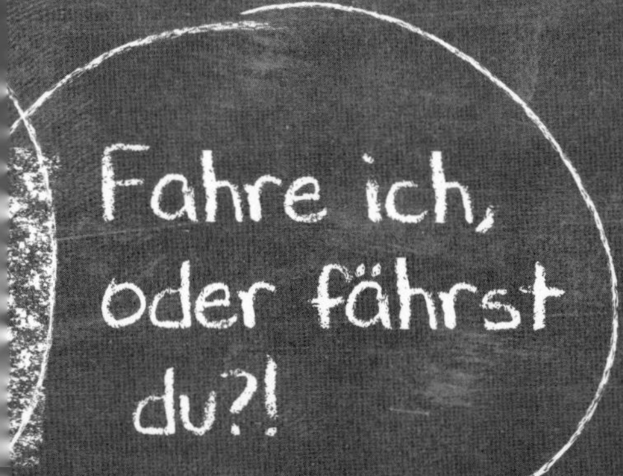


nmunikation

## WARUM WIR MITEINANDER DARÜBER REDEN SOLLTEN, WIE WIR MITEINANDER REDEN

Es ist die Urszene aller Missverständnisse: Ein Paar sitzt im Auto, die Ampel schaltet auf Grün, was die Fahrerin nicht gleich bemerkt. Der Beifahrer sagt: »Es ist grün.« Die Fahrerin antwortet gereizt: »Fahr ich oder fährst du?«

Das Beispiel stammt von Friedemann Schulz von Thun, dessen Kommunikationsquadrat im engeren Sinne nicht als Theorie gilt und doch klarer als andere Ansätze die vielen Fallgruben der Kommunikation aufschlüsselt. Jede Nachricht hat nach seinem Verständnis vier Seiten:

**Sachinhalt** (worüber ich informiere)
**Appell** (was ich erreichen möchte)
**Beziehungshinweis** (wie ich zum Empfänger stehe)
**Selbstkundgabe** (was ich von mir zeige)

Unser Beispiel enthält die Sachebene (»Die Ampel ist grün«), den Appell (»Fahr los!«), einen Beziehungshinweis (der Beifahrer will der Fahrerin helfen) und eine Selbstkundgabe (vielleicht hat es der Beifahrer eilig). Dies sind die vier Seiten des Senders.

Der oder die Empfänger*in, also die Fahrerin, empfängt die Botschaft mit den eigenen vier Seiten. Beim Sachinhalt (»Die Ampel ist grün«) sind sich die beiden noch einig, aber den Appell (»Fahr los!«) interpretiert sie anders (»Warum bist du so langsam?«) und empfindet die Situation als beleidigend. Also reagiert sie entsprechend gereizt: »Fahr ich oder fährst du?«

Auf solche Kommunikationsstörungen treffen wir ständig: »Du, was ist das da in der Suppe?« – »Wenn du sie nicht magst, dann iss halt Brot«. »Wann sind Sie fertig?« – »Stressen Sie mich nicht so!«

Wie wir Botschaften verstehen, hängt mit der Vorgeschichte von Sender*innen und Empfänger*innen zusammen, dem Kontext, dem Tonfall und vielen anderen non-verbalen Signalen. Wie löst man Missverständnisse? Indem man miteinander darüber redet, wie man miteinander redet, also sogenannte Metakommunikation betreibt. Denn gute Kommunikation entsteht, wenn Absicht und Verständnis deckungsgleich, also »kongruent« sind.

Merksatz: »Gedacht heißt nicht immer gesagt, gesagt heißt nicht immer richtig gehört. Gehört heißt nicht immer richtig verstanden, verstanden heißt nicht immer einverstanden.«
*Konrad Lorenz*

# 18 Die Beobac zweiter Or

Wie Ihr*e Therape

tung
nung

*in mit Ihnen spricht

## WIE IHR*E THERAPEUT*IN MIT IHNEN SPRICHT

Was machen Therapeut*innen, wenn sie mit Ihnen sprechen? Sie machen eine sogenannte »Beobachtung zweiter Ordnung«.

Beobachter*innen erster Ordnung sehen die Welt, wie sie ihnen erscheint. Für sie ist die Welt schlicht da. Beobachter*innen zweiter Ordnung dagegen führen das, *was* Beobachter*innen erster Ordnung sehen, darauf zurück, *wie* diese sehen. Wichtig: Man kann sich nicht selbst dabei beobachten, wie man etwas beobachtet (weshalb Therapeut*innen sich auch nicht selbst therapieren können). Die Forschung bezeichnet dies als »blinden Fleck«. Es geht also um den Umstand, dass das eigene Sehen nicht als solches erkannt wird, oder dass man nicht sieht, dass man nicht sieht! Der Blick auf den »blinden Fleck« der anderen eröffnet den Beobachter*innen zweiter Ordnung eine neue Perspektive. So vermag er die Beobachter*innen erster Ordnung darauf aufmerksam zu machen, dass man genauso gut anders beobachten könnte.

Ein Beispiel: Ein Paar möchte in eine gemeinsame Wohnung ziehen. Die eine Person aber hat eine jener Wohnungen, die man nie aufgeben will: gut gelegen, niedrige Miete, mit großem Balkon. Die Wohnung wäre auch groß genug für beide. Die zweite Person zögert, weil sie das Gefühl hat, in das andere Leben einzudringen. Eine neue gemeinsame Wohnung können sie sich nicht leisten. Beide sind Beobachter*innen erster Ordnung und reden aneinander vorbei.

Eine Beobachtung zweiter Ordnung könnte den beiden eine andere Perspektive geben: Die Partner*innen könnten in die Wohnung der ersten Person ziehen, unter der Prämisse, dass es eine gemeinsame Wohnung wird, die sie neu beziehen. Das heißt, die Wohnung muss zuerst leer geräumt werden, damit die beiden ihr Zuhause gemeinsam neu einrichten können.

Dieses Beispiel zeigt, dass es bei der Beobachtung zweiter Ordnung nicht um definitive richtige Entscheidungen geht, sondern um eine potenziell unendliche Geschichte, weil Sie auch die Perspektive der Beobachtung zweiter Ordnung beobachten können, was zum Beispiel in der Therapeut*innenwelt in Form der Supervision geschieht.

Merksatz: Wir können nicht sehen, dass wir gerade etwas sehen.

# 19 Die gewaltf
# Kommunika

Warum es uns schu

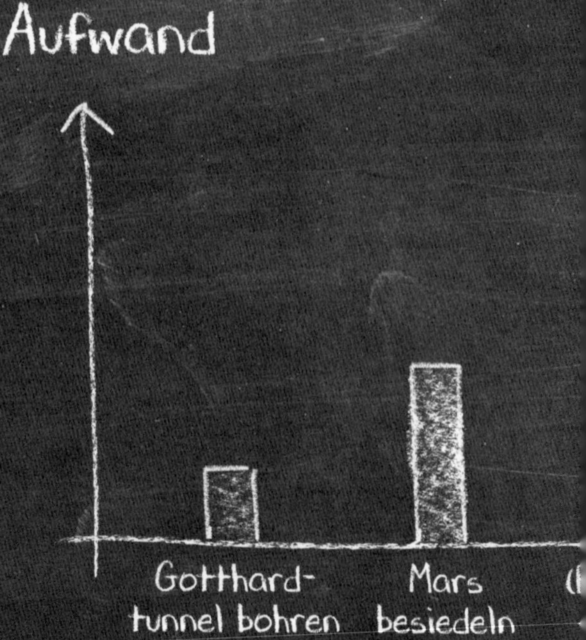

eie
on
rfällt, freundlich zu sein
hafen BER
igstellen)
Gewaltfrei
kommunizieren

## WARUM ES UNS SCHWERFÄLLT, FREUNDLICH ZU SEIN

Die Psychologie ist sich weitgehend darüber einig, dass Konflikte ausgetragen werden müssen, die Frage ist bloß, wie? Von dem US-amerikanischen Psychologen Marshall B. Rosenberg (1934–2015) stammt die Idee der »Gewaltfreien Kommunikation«, bei der der Ton die Musik macht. Dabei unterscheidet er zwischen einer bissigen Sprache, der »Wolfssprache«, und einer Herzenssprache, der »Giraffensprache« (Giraffen sind die Landtiere mit dem größten Herzen). Das klingt nach Streichelzoo, ist aber lebensnaher als jedes Führungsseminar. Die Wolfssprache führt dazu, dass sich der oder die Sprecher*in überlegen und der oder die Angesprochene schlecht fühlt. Typische Aussagen der Wolfssprache sind:

**Analyse:** »Das ist falsch, weil …«
**Kritik:** »Dein Fehler war, dass du …«
**Interpretationen:** »Du machst das, weil …«
**Bewertungen:** »Du bist klug/faul, du liegst richtig/falsch …«
**Drohungen:** »Wenn du nicht sofort, dann …«

Solche Aussagen sind laut Rosenberg »verkappte Wünsche«. Da wir nicht gelernt haben, höflich zu bitten oder unsere Wünsche konstruktiv zu äußern, greifen wir zu einer aggressiven Sprache. Und Aggression erzeugt Gegenaggression oder devote Unterwerfung.

Die Giraffensprache wiederum besteht aus vier Komponenten:

**Beobachten, ohne zu bewerten:** »Du schaust aus dem Fenster, wenn ich mit dir sprechen will.«
**Eigene oder fremde Gefühle wahrnehmen und benennen:** »Ich mache mir Sorgen.«
**Bedürfnisse erkennen und ernst nehmen:** »Ich möchte wissen, wie es dir geht.«
**Auf der Grundlage der Bedürfnisse klare und erfüllbare Bitten äußern:** »Bitte sage mir, was du brauchst, damit wir darüber reden können.«

Aber warum ist es so schwierig, freundlich zu sein? Das Problem sind wir selbst. Ein Beispiel ist der sogenannte »Attributionsfehler«: Wenn wir zu spät kommen, dann war viel Verkehr. Wenn andere zu spät kommen, dann sind sie zu spät losgefahren. Wir sind von Natur aus urteilsfreudig, kritisch und wertend. Zudem ist es einfacher, jemandem die Schuld zu geben, als darüber nachzudenken, *warum* etwas passiert ist.

Merksatz: Das Wesen herkömmlicher Kommunikation: Alle haben gern recht. Das Wesen gewaltfreier Kommunikation: Uns geht es besser, wenn wir eine Auseinandersetzung auflösen, als wenn wir sie gewinnen. Oder in den berühmten Worten Marshall Rosenbergs: »Would you rather be right ... or happy?«

# 20 Die Transak

## Mit welchem »Ich«

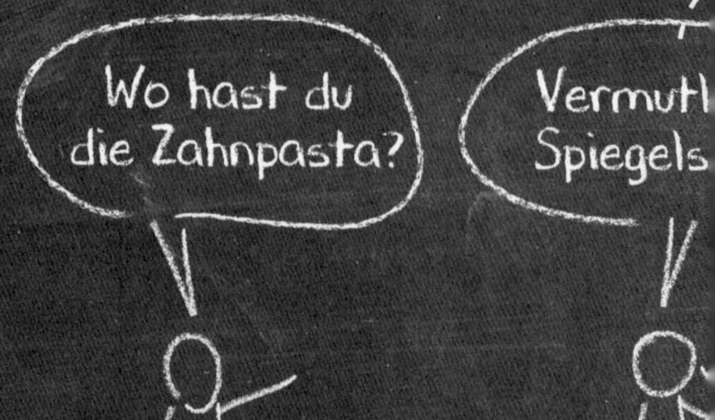

# ionsanalyse
ommunizieren Sie?

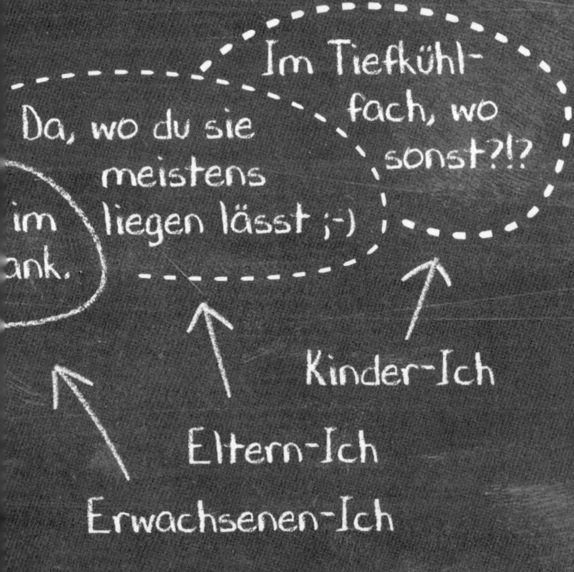

# MIT WELCHEM »ICH« KOMMUNIZIEREN SIE?

Hier sind zwei der ganz großen Erklärer der menschlichen Kommunikation:

Der Österreicher Sigmund Freud (1856–1939), der Begründer der Psychoanalyse, glaubte, dass versteckte Lüste und Ängste aus unserer Kindheit der Antrieb unseres merkwürdigen Kommunikationsverhaltens sind. Eric Berne (1910–1970) hingegen glaubte, dass man nicht auf eine quälende Reise in sich selbst gehen muss, um sich selbst kennenzulernen. Es genüge eigentlich, sich in der Kommunikation mit anderen zu beobachten.

Berne entwickelte 1961 ein Gegenmodell zu Freuds Theorie, die »Transaktionsanalyse«, die aufgrund ihrer Einfachheit und Verständlichkeit zu einem Bestseller des Kommunikations- und Ratgebergenres wurde. Ausgangspunkt sind, laut Berne, die drei »Ich-Zustände«, wie wir uns gegenüber anderen geben:

1. **Das Eltern-Ich:** Wir alle sind ein wenig wie unsere Eltern. Das zeigt sich immer dann, wenn wir andere bevormunden oder ihnen sagen, was sie tun oder lassen sollen. Aber auch dann, wenn wir fürsorglich, empathisch oder helfend auftreten.
2. **Das Erwachsenen-Ich:** Erwachsen geben wir uns, wenn wir überlegt, kontrolliert und gelassen kommunizieren. Wenn wir also unser Gegenüber respektvoll behandeln und auf Kritik sachlich-konstruktiv reagieren.

3. **Das Kind-Ich:** Wir tragen auch das Kind, das wir mal waren, in uns. Wir sind uneinsichtig oder trotzig, albern oder ängstlich. Aber auch positive Qualitäten wie Fantasie, Neugier und Lerneifer zeigen sich in unserer kindlichen Kommunikation.

In einem Menschen kommen alle Zustände vor. Was aber nützt uns die Transaktionsanalyse in der Praxis? Wenn wir kommunizieren, ist immer einer der drei Ich-Zustände im Einsatz. Das ist uns nicht immer bewusst. Am deutlichsten wird es, wenn wir uns selbst beobachten: Angenommen, ein Vorschlag, den wir in einer Diskussion einbringen, wird von der Gruppe abgelehnt. Reagieren wir beleidigt oder trotzig, sind wir im Kind-Modus. Wenn wir rational abwägen und einsehen, dass der Vorschlag Mist war, sind wir im Erwachsenen-Modus. Argumentieren wir aber moralisch, dass die anderen unrecht haben, weil wir im Recht sind, befinden wir uns im Eltern-Modus.

Merksatz: Wenn Kommunikation nicht funktioniert, sollte man sich fragen: In welchem Zustand bin ich gerade, im Eltern-Ich, im Erwachsenen-Ich oder im Kind-Ich?

# 21 Prousts Fra

## Wie Sie gute Frage

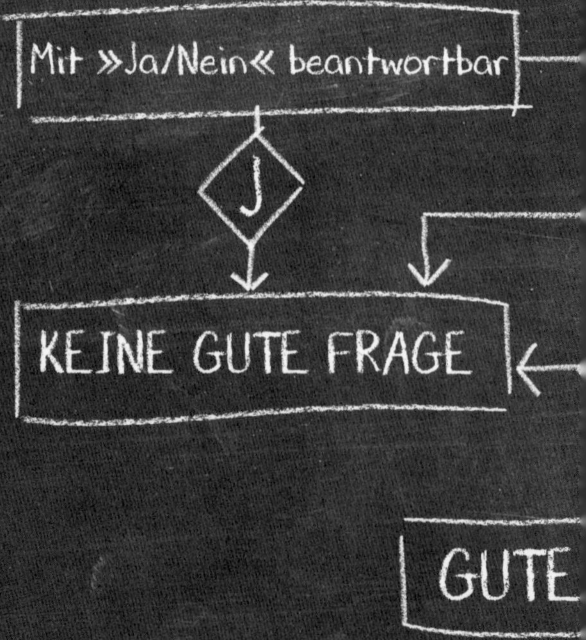

# ebogen

## stellen

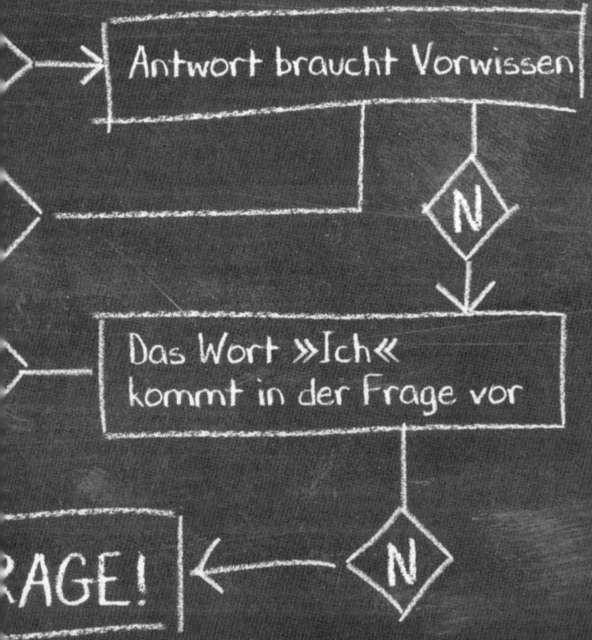

# WIE SIE GUTE FRAGEN STELLEN

Ende des 19. Jahrhunderts war die leichte Konversation (Neudeutsch: → **Small Talk** (S. 166) matchentscheidend für einen erfolgreichen Abend. Als kultiviert galt dabei nicht, wer ständig das Richtige sagte, ohne lange darüber nachdenken zu müssen, auch nicht, wer mit charmant-geistreichen Bemerkungen das Gegenüber zum Kichern brachte. Nein, ideale Tischnachbar*innen waren jene, die die hohe Kunst des Fragenstellens beherrschten. Die Erklärung hierfür ist einfach und wahr und lässt sich in dieser Regel zusammenfassen: Wir schätzen nicht die, die brillant sind, sondern die, neben denen wir uns brillant fühlen.

Weil es aber unendlich schwierig ist, in der richtigen Situation auch die richtige Frage zu stellen, kursierte in den europäischen Salons bald ein kleiner Spickzettel. Fragen, die unschuldig wirkten, aber Seelen entblößten: »Wer wären Sie lieber?«, »Wie wollen Sie sterben?«, »Welche Eigenschaften schätzen Sie bei einem Mann am meisten?«. Der Urheber des Fragebogens ist bis heute unbekannt. 1885 beantwortete Marcel Proust, damals erst dreizehn Jahre alt, auf der Geburtstagsparty seiner Freundin Antoinette Faure den Fragebogen. 1924 publizierte Faures Sohn die Antworten, seither ist die Rede von *Prousts Fragebogen*. Dass dieser ihn nicht erfunden hatte, sondern lediglich ausfüllte, spricht für den Charme der oben genannten Regel.

Prousts Fragen zeichnet dreierlei aus:

> Es sind offene Fragen, also Fragen, die man nicht mit Ja oder Nein beantworten kann.
> Es sind Fragen, die kein Vorwissen verlangen, auf die es also, anders gesagt, keine richtigen oder falschen Antworten gibt. Nur ehrliche.
> Es sind Fragen, die nicht von Ihnen, sondern von Ihrem Gegenüber handeln.

Merksatz: Wir alle bewundern Menschen, die gute Antworten geben. Noch mehr bewundern wir solche, die gute Fragen stellen. Am meisten aber bleiben uns jene in Erinnerung, die wirklich zuhören.

# Job & Karriere

# 22 Die Salamit

## Wie man jede Ide

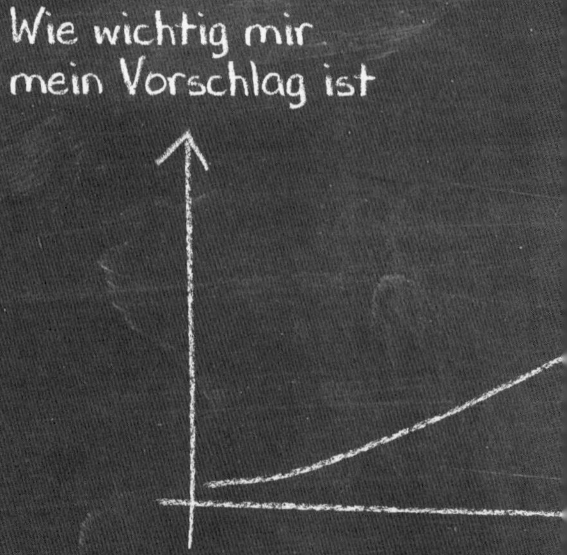

# ktik

urchbringt

scheibchenweise präsentieren

Auf wie viel Widerstand mein Vorschlag trifft

## WIE MAN JEDE IDEE DURCHBRINGT

These: Im Meeting verrät sich der Charakter eines Menschen. Grob gesagt, gibt es vier Sitzungspersönlichkeiten:

**Schweiger*innen:** sagen nichts, behalten dadurch meistens recht und wissen hinterher alles besser.
**Opportunist*innen:** begegnen allen Vorschlägen mit Begeisterung, besonders jenen, die vom Boss kommen oder ihm oder ihr gefallen.
**»Master of the Obvious«:** verkünden mit Überzeugung Offensichtliches, als sei es zum ersten Mal gedacht worden.
**Nein-Sager*innen:** beziehen ihre Lebensenergie aus dem Zerreden der Vorschläge anderer.

Wie also bringt man einen Vorschlag an diesen Höllenhunden vorbei? Als besonders erfolgversprechend hat sich die »Salamitaktik« erwiesen: Den Vorschlag nicht groß anpreisen, sondern scheibchenweise, in verdaulichen Häppchen servieren. Die Portionierung hat zwei Vorteile: Zum einen wird einer großen Aufgabe oder einer kühnen Idee der Schrecken genommen, zum anderen ermöglicht die dosierte Präsentation, dass die anderen Sitzungsteilnehmenden die Idee für sich entdecken und weiterdenken können. Und vor allem erlaubt es diese Taktik keinem Teilnehmenden, die übergeordnete Intention zu erkennen. Dadurch wird es schwieriger, dagegen zu kämpfen.

Wenn es also ideologische Gräben gibt, ist es besser, kleine, isolierte Schritte zu machen, um sich auf die Sache zu konzentrieren, nicht auf die Absicht. Der Begriff »Salamitaktik« stammt wohl aus dem Ungarischen. »Szalámitaktika« nannte man in Ungarn die schleichende Machtübernahme durch die kommunistische Partei.

Merksatz: Zerlege einen Lastwagen in viele kleine Teile,
und ein Kind kann ihn tragen.

# 23 Die Sitzungs

## Wie man Meetings

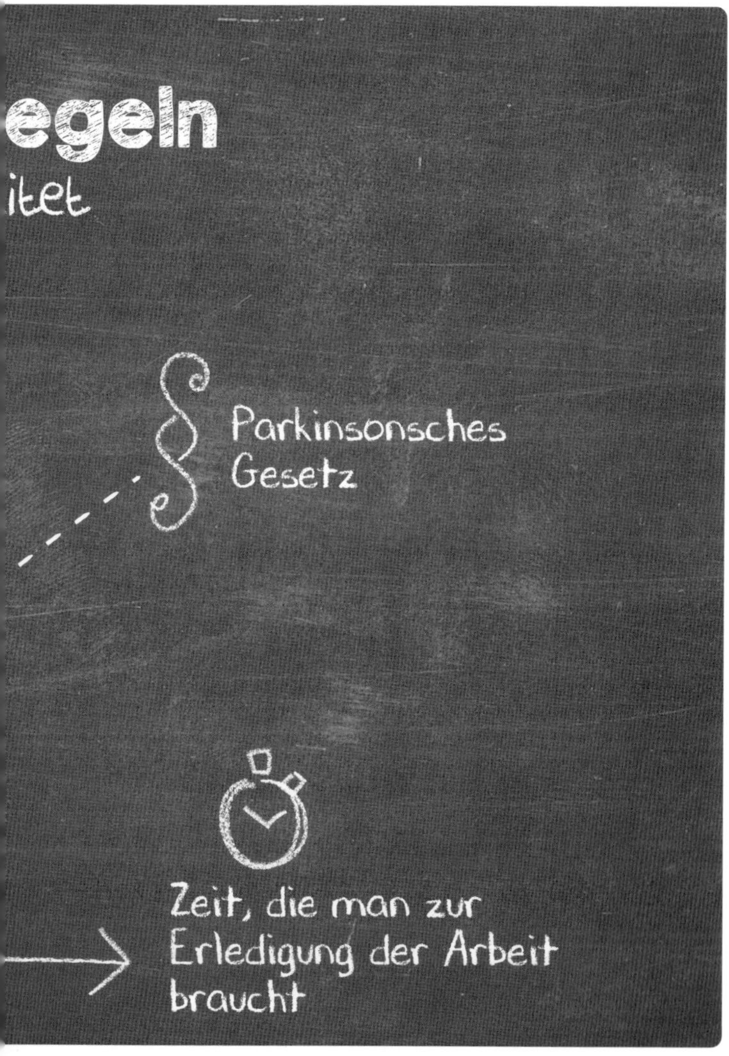
egeln
itet
Parkinsonsches
Gesetz
Zeit, die man zur
Erledigung der Arbeit
braucht

## WIE MAN MEETINGS LEITET

Streng genommen haben Meetings drei Ziele:

**Information:** Eine Sitzung, in der die Teilnehmenden über etwas informiert werden.
**Diskussion:** Eine Sitzung, in der es um Feedback, Input oder Richtung geht.
**Erlaubnis:** Eine Sitzung, in der die eine Seite etwas vorschlägt, in der Hoffnung, dass die andere Seite zustimmt (die allerdings das Recht und die Macht hat, Nein zu sagen).

Die Frustration bei Meetings kommt oft daher, dass diese drei Formen vermischt werden. Vier Tipps, um Mischformen zu verhindern:

1. **Die 15-Minuten-Regel**
   Das Parkinsonsche Gesetz besagt, dass »Arbeit genau in dem Maße wächst, wie Zeit für ihre Erledigung zur Verfügung steht« (und nicht in dem Maße, wie komplex sie tatsächlich ist). Das heißt, je mehr Zeit Sie für ein Meeting veranschlagen, desto länger dauert es. Es ist also sinnvoll, Meetings von vornherein zeitlich zu beschränken. Nebenbei bemerkt: Die durchschnittliche Aufmerksamkeitsspanne des Menschen liegt zwischen zehn und achtzehn Minuten. Idealerweise benutzt man einen Timer. Wenn es klingelt, ist das Meeting vorbei. Sofort.

2. **Die Frage-Regel**
   Man kann im Meeting drei Arten von Fragen stellen: Fragen zum Verständnis. Fragen, um den Prozess zu unterstützen (zum Beispiel um sicherzustellen, dass wirklich alle alles verstanden haben). Und Fragen, um die eigene Position zu markieren oder um eine Position anderer zu hinterfragen. Alle drei Fragetypen sind legitim, aber sollten nicht vermischt werden – erst die Verständnisfragen, dann die Prozessfragen, dann die Debattenfragen.

3. **Die Steh-Regel**
   In vielen Unternehmen werden Meetings im Stehen durchgeführt, weil das zu schnelleren Entschlüssen führt (siehe Punkt 1.). An der Washington University hat man zudem in Untersuchungen festgestellt, dass Menschen im Stehen schneller mit Begeisterung reagieren, im Sitzen eher zu Skepsis neigen.

4. **Die Smartphone-Regel**
   Keine Smartphones. Notizen werden handschriftlich gemacht. Das Weiße Haus befolgte unter Barack Obama diese Regel.

Merksatz: Nach jedem Beschluss sollte eine DRI (Directly Responsible Individual) bestimmt werden, die dafür verantwortlich ist, den Entscheid umzusetzen.

# 24 Das Treppe
Wann uns die best

## witz-Phänomen

Argumente einfallen

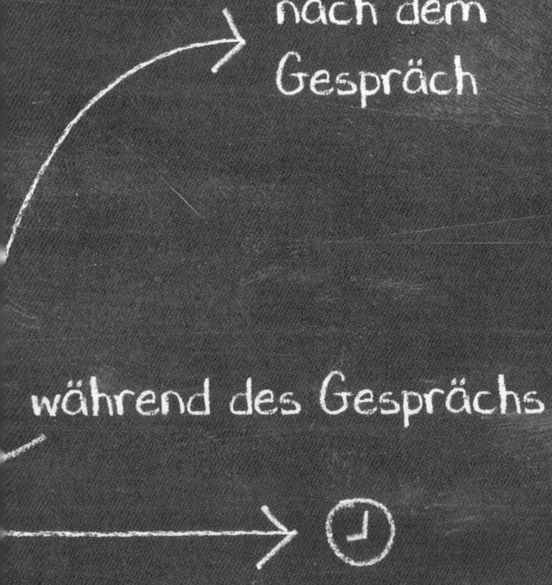

## WANN UNS DIE BESTEN ARGUMENTE EINFALLEN

»Unter dem Begriff ›Treppenwitz‹ verstehen wir die in klarer, geschliffener Prägnanz schlagwortartig zum Ausdruck gebrachten Ansichten und Ideen – die uns immer zu spät einfallen. Hinterher, wenn wir bedächtig die Treppe herabsteigen, sind wir mit einem Mal viel klüger als zuvor.« So beschrieb William Lewis Hertslet in seinem bereits 1882 erschienenen Bestseller *Der Treppenwitz der Weltgeschichte* den schönen Begriff »Treppenwitz«.

Das Phänomen hat auch 130 Jahre später kaum an Aktualität eingebüßt: Wer kennt nicht das Gefühl, dass das Hirn erst richtig zu arbeiten beginnt, wenn der Druck einer stressbehafteten Situation nachlässt. Vor dem Bewerbungsgespräch wissen wir genau, wie wir uns präsentieren wollen, wenn das Interview aber beginnt, fällt uns nichts Gescheites mehr ein. Sobald das Gespräch jedoch beendet ist und sich die Tür hinter uns geschlossen hat, argumentieren wir scharf und präzise. In der Psychologie nennt man das Phänomen, dass unter Druck die Nerven versagen, »Choke-Syndrom«: Man »erstickt« (engl. »choke«, ersticken) an den Erwartungen.

Viele Studien haben sich damit befasst, und alle sagen das Gleiche: Paralyse durch Analyse. Wer anfängt nachzudenken, verliert. Wer unbedingt schlagfertig sein muss, verstummt. Wer zum entscheidenden Elfmeter anläuft, verströmt das Selbstbewusstsein eines Erstklässlers. Psycholog*innen empfehlen drei Tricks: sich immer wieder der gleichen Situation aussetzen (das sogenannte »practice under pressure«), wodurch der Situation die Einzigartigkeit geraubt wird. Vorm Antworten einfach drei bis fünf Sekunden warten – Ihre Aussage wird dadurch nicht schlauer, aber wirkt gewichtiger. Oder sich – nicht ganz einfach – vorstellen, man säße mit befreundeten Menschen in der Kneipe.

Merksatz:
Schlagfertigkeit beeindruckt im Bewerbungsgespräch,
ist aber in den wenigsten Berufen eine gefragte Fähigkeit.

# 25 Das Mitarb

Wie Sie mit Ihrem

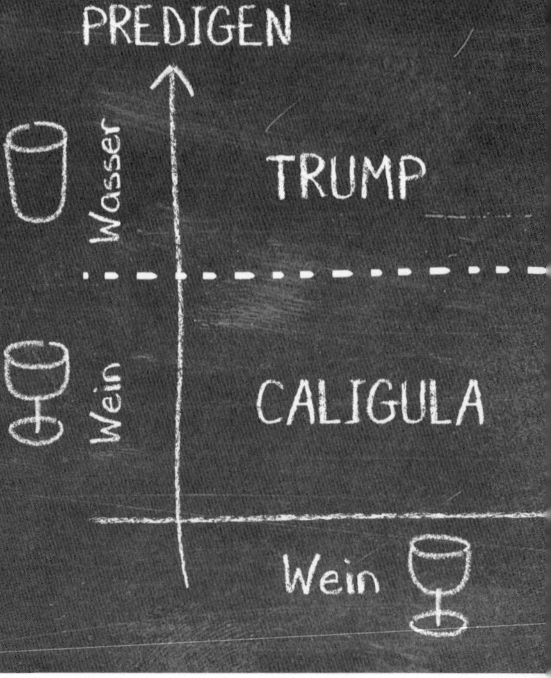

# itendengespräch

Team sprechen sollten

GANDHI

SCHAF IM WOLFSPELZ

→ TRINKEN

Wasser

## WIE SIE MIT IHREM TEAM SPRECHEN SOLLTEN

Schließen Sie einen Moment die Augen und denken Sie an den besten Chef oder die beste Chefin, den oder die Sie je hatten. Jetzt denken Sie an den schlechtesten. Worin unterschieden sich die beiden?

Die Vermutung liegt nahe, dass die besten Chef*innen nicht (nur) mit guten Resultaten punkteten, sondern vor allem mit guter Kommunikation. Es waren Menschen, die es schafften, ihre Angestellten jeden Tag ein bisschen besser zu machen, oder ihnen wenigstens das Gefühl gaben, dass dies möglich wäre. Aber wie schafft man das? Im Kontext dieses Buches gefragt: Wie kommuniziert man richtig mit seinen Angestellten, seinem Team? Gibt es eine Zauberformel? Die Antwort ist Ja und Nein.

Der »Nein«-Teil der Antwort: Jeder Mensch, jede Situation, jeder Betrieb, jede Konstellation ist anders. Also kann es auch keine Universallösung geben. Der »Ja«-Teil der Antwort: Wir alle wissen eigentlich, wie wir mit unseren Angestellten sprechen sollten, nämlich genau so, wie wir möchten, dass man mit uns spricht: aufmerksam, direkt, verständlich. Wir übersetzen die Adjektive in Regeln:

### 1. Kritisieren Sie nicht

Klingt ein bisschen nach Waldorfschule. Und natürlich müssen Sie die Arbeit Ihrer Leute analysieren und bewerten, das ist Ihr Job. Dennoch: Seien Sie sparsam mit negativer Kritik.

Dekonstruieren Sie nur, wenn Sie bereit sind, auch den Aufbau mitzutragen. Bleiben Sie beim »wir«. Besonders dann, wenn Ihre Mannschaft verloren hat.

**2. Loben Sie (nicht zu viel)**

Auch das Gegenteil wäre falsch, nämlich zu großzügiges Lob. Dosieren Sie Ihre Komplimente, sonst verlieren sie ihre Wirkung. Wer Erwartbares feiert, senkt den Anspruch. Loben Sie vor allem nicht, bloß um zu gefallen.

**3. Nicht Wasser predigen und Wein trinken**

Nichts ist unglaubwürdiger als Worte ohne Taten. Ihnen ist Pünktlichkeit und Freundlichkeit wichtig? Dann seien Sie pünktlich und freundlich. Bestimmen Sie das Tempo, leben Sie Ihre Werte, bestimmen Sie den Umgangston. Aber *pick your shots*, setzen Sie nur Standards, die Ihnen wichtig sind – und solche, die generell wichtig sind. Jene Standards, die Ihnen wichtig sind, können Sie vermutlich selbst gut einhalten. Standards, die Ihnen selber schwerfallen, die Sie aber als wichtig erachten, müssen Sie selbst erlernen. Teilen Sie das Ihren Mitarbeitenden mit. Niemand kann alles.

Merksatz: Gewöhnen Sie sich an den Gedanken,
dass Sie primär für die Energiezufuhr zuständig sind.
Das heißt: Sie motivieren, beraten, dämpfen, beschleunigen –
und lassen andere strahlen.

# 26 Die Arschlo

## Wann die Macht m

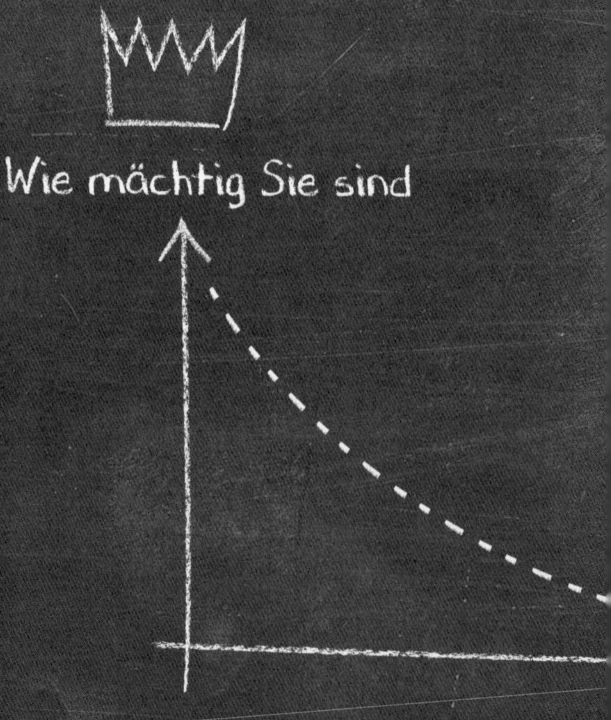

# h-Methode

Ihnen ist

Wie viele Worte Sie brauchen

# WANN DIE MACHT MIT IHNEN IST

Die meisten Theorien in diesem Buch besagen: Gute Kommunikation hat mit Kooperation zu tun. Die Wirklichkeit aber spricht oft eine andere Sprache. Nicht umsonst war das Buch *The 48 Laws of Power*, in dem der Amerikaner Robert Greene klassische Machtstrategien versammelte, ein Bestseller. In Anlehnung an das Buch hier drei Verhandlungsstrategien, mit denen Sie sich nicht beliebt machen, aber vielleicht mit dem dickeren Ende aus der Situation gehen. (Warnhinweis: Selbst wenn Sie lieber mit guten Argumenten als miesen Taktiken überzeugen, sollten Sie diese Tricks doch kennen, denn sie werden mit Sicherheit gegen Sie angewendet werden.)

**1. Argumentieren Sie nie zögerlich!**

Wenn Sie sich einer Sache unsicher sind, versuchen Sie nicht, andere davon zu überzeugen. Zweifel und Zögern werden Ihre Argumente nur verwässern. Bei Sowohl-als-auch-Formulierungen erkennt Ihr Gegenüber Angriffsflächen. Ergreifen Sie deshalb nur dann das Wort, wenn Sie sich sicher sind, die Diskussion durchstehen zu wollen, und beharren Sie auf Ihren Forderungen – besonders dann, wenn sich das Vorhaben als Fehler entpuppt. Wagemutigen sehen wir Fehler nach, Zweifelnden trauen wir nichts zu.

**2. Haben Sie das letzte Wort!**

Kontraintuitiv sollten Sie nicht versuchen, das Gegenüber mit vielen Worten zu überzeugen. Je mehr Sie reden, desto austauschbarer erscheinen Ihre Argumente und desto durchschnittlicher wirken Sie. Jeder Triumph, den Sie mit Worten erringen, ist in Wirklichkeit ein Pyrrhussieg, denn niemand wird gern überredet. Wenn Sie mit Ihren Taten Reaktionen auslösen, behalten Sie die Kontrolle. Vor allem aber: Bleiben Sie ruhig und freundlich. Lautstärke ist das Argument des Ausmanövrierten, Zynismus das des Besiegten.

**3. Stellen Sie sich unwissend!**

Wir neigen dazu, uns von Intelligenz und Ausstrahlung blenden zu lassen. Probieren Sie das Gegenteil: Geben Sie Ihrem Gegenüber das Gefühl, klüger zu sein. Er oder sie wird sich geschmeichelt fühlen und unaufmerksam werden. Wenn die Deckung aufgegeben ist, greifen Sie an. Sich dumm stellen, ist eine der ältesten Kriegslisten. Die Chinesen sagen: »Verkleide dich als Schwein, um den Tiger zu töten.«

Merksatz: Wenn Sie jemanden nicht überzeugen können, hinterfragen Sie Ihre eigene Situation: Was kostet es mich, wenn ich jetzt aufgebe? Ein lächelndes Eingeständnis der eigenen Niederlage wirkt souveräner als ein verbissener Infight. Ganz nebenbei: Je weniger Interesse Sie zeigen, desto geringer ist die Befriedigung des anderen.

# 27 Die Rhetori

Wie man eine gute

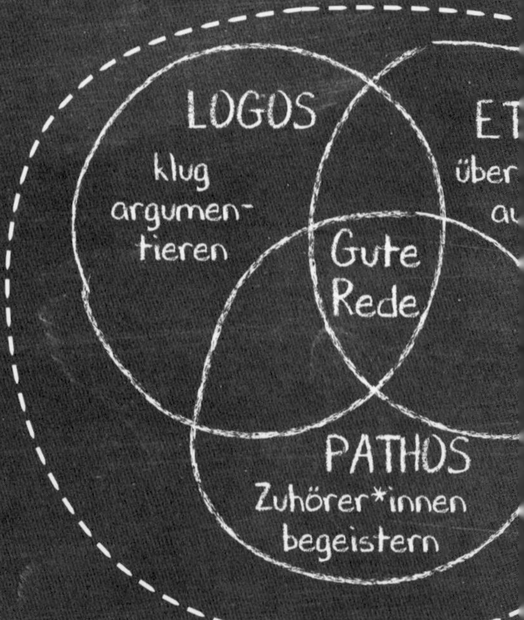

theorie
Rede hält
S
end
eten

# WIE MAN EINE GUTE REDE HÄLT

Ein guter Redner, so schrieb Aristoteles im 4. Jahrhundert v. Chr. in seiner *Rhetorik*, muss drei Dinge im Griff haben: das Argument (Logos), das eigene Auftreten (Ethos) und das Publikum (Pathos). Das klingt geschwollen, ist aber heute genauso gültig wie in der Antike.

Damals gab es nur drei verschiedene Arten der Rede: die Gerichtsrede, die sich auf ein Ereignis in der Vergangenheit bezieht. Die Lobrede, die eine Person in der Gegenwart abfeiert (ein typisches Beispiel davon ist die Trauerrede, sie richtet sich nicht an die Toten, schrieb Aristoteles, sondern an die Trauernden). Und schließlich die Parlamentsrede, auch Beratungsrede genannt, in der der Redner zu einer bestimmten Handlung in der nahen Zukunft rät.

Aristoteles, und später die Römer Cicero und Quintilian, hatten einen komplexen Fünf-Punkte-Plan, wie man solche Reden entwickelt. Er lässt sich am besten mit dem Bonmot zusammenfassen: »Du musst dir die Asse, die du spielen willst, vorher in den Ärmel stecken.« Gute Vorbereitung ist also alles.

Wichtig hierbei: Aristoteles sah Rhetorik nicht als billigen Trick, um das Publikum zu überzeugen, sondern als Kunstform, die hilft, ein in sich überzeugendes Argument zu präsentieren. Zu diesem Zweck sollte sich der Redner der Rhetorik bedienen. Weil Leute mit guten Gedanken oft schlechte Redner sind, gab er ihnen einen Werkzeugkasten voller rhetorischer Hilfsmittel an die Hand. Aristoteles war also der Erste, der Wissenschaftler auf ihre TED-Talks und Key Notes vorbereitete. Rhetorische Schraubenzieher:

**Anapher:** Wiederholung der Satzform, typisch in politischen Reden: »Ich fordere Gerechtigkeit. Ich fordere Verständnis. Ich fordere ...«
**Inversion:** Umkehrung der üblichen Wortstellung »Unendlich ist seine Trauer« (statt: Seine Trauer ist unendlich).
**Ironie:** Ja sagen, wenn man eigentlich nein meint: »Es war wunderschön im Stau.«
**Rhetorische Fragen:** Fragen, die selber eine Aussage machen: »Wollt ihr den totalen Krieg?«
**Analogien (Vergleiche):** »Er stand da wie der Ochs vorm Berg« (banal), »Er war verwirrt wie ein Komma am Ende des Satzes« (kreativ).
**Antithese:** Gedanklicher Gegensatz, um Spannung zu erzeugen: »Er war schön, stark und ... unglücklich.«

In der Praxis gilt für Reden, was auch für Präsentationen gilt: Lesen Sie sich Ihren Text mehrmals laut durch (eine geschriebene A4-Seite entspricht drei Präsentationsminuten). Machen Sie Pausen. Schauen Sie ins Publikum. Atmen Sie tief ein und aus.

Merksatz: Die gute Rede ist jene, nach der die Zuhörenden
ihre Meinung ändern, aber das Gefühl haben,
diese Meinungsänderung folge ihrem eigenen Entschluss.

# 28 Das Storyte

Wie Sie den langu
spannend machen

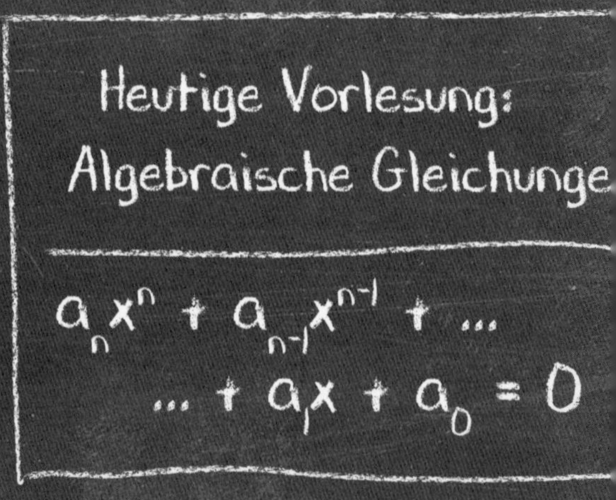

# ing

gsten Vortrag

## WIE SIE DEN LANGWEILIGSTEN VORTRAG SPANNEND MACHEN

Warum beginnen alle Märchen mit dem Satz »Es war einmal …«?

Die Antwort ist relevant für alle, die Präsentationen halten: Wenn kalte Fakten in bekannte Erzählmuster eingewebt werden, so der Soziolinguist William Labov, weckt das Assoziationen an Märchen und führt dazu, dass wir uns unbewusst daran erinnern, wie schön es ist, Märchen zu lauschen. Mit der Folge, dass sich unsere Aufmerksamkeit erhöht. Das klassische Märchen folgt einem bestimmten Ablauf:

**Abstract**: Wie fängt es an? (»Es war einmal …«)
**Orientation**: Wer/Wo/Wann? (»Ein König und eine Königin hatten eine Tochter …«)
**Complicating Action**: Problem, das gelöst werden muss (»Rings um das Schloss aber begann eine Dornenhecke zu wachsen …«)
**Resolution**: Lösung (»Da bückte er sich und gab Dornröschen einen Kuss. Und sie schlug die Augen auf, zum ersten Mal nach langen, langen Jahren …«)
**Evaluation**: Was daraus resultiert (»Sie lebten glücklich bis an ihr Lebensende.«)
**Coda**: Was bleibt (»Und die Moral von der Geschicht' …«)

Ganz ähnlich sollte Ihr Vortrag aufgebaut sein. Die Idee ist nicht neu, schon Aristoteles → **Rhetoriktheorie** (S. 116) wusste um die Bedeutung der Emotionalität in der Rede. Der Kommunikationsforscher Walter Fisher aber formulierte 1984 etwas Radikales: Die Menschen wollen nicht logische Argumente, sie wollen gute Geschichten. Unser Leben ist keine Excel-Tabelle, es ist eine Story mit Höhen und Tiefen. Fishers Schlussfolgerung ist der berühmte »narrative Paradigmenwechsel«, der einen Bruch mit der klassischen Rhetorik darstellt. Er besagt: Wir bewerten Erzähltes nicht anhand der Argumente, sondern anhand unseres Vertrauens in die Geschichte: Kann ich mich mit dem Stoff oder den Personen identifizieren? Und anhand der Kohärenz der Geschichte: Ergibt die Geschichte für mich Sinn?

Ähnliches sagt auch Chris Anderson, der Erfinder von TED, über die drei Regeln für den perfekten TED-Talk: 1. Erzählen Sie nicht von einem Konzept, einem Missstand oder einem Produkt, erzählen Sie von einer Idee. 2. Erzählen Sie nur von einer Idee (wer sich stark mit seiner Idee identifiziert, neigt dazu, ausführlich zu werden, wenn man sich knapp halten sollte, und Abzweigungen zu nehmen, obwohl die Hauptstraße frei ist). 3. Erzählen Sie von der Idee so, dass andere sie gern weitererzählen wollen.

Merksatz: Wenn Sie das nächste Mal vor Menschen etwas sagen müssen, beginnen Sie Ihren Beitrag mit diesem Satz: »Lassen Sie mich eine kurze Geschichte erzählen …« oder »Auf dem Weg hierher ist mir etwas Merkwürdiges passiert …«

# 29 Die Sechs-W

Wie man ein ganz
Worte fasst

# rt-Regel

Leben in sechs

Ein Roman
von Ernest Hemingway

Zu verkaufen:
Babyschuhe,
nie getragen.

Ende.

## WIE MAN EIN GANZES LEBEN IN SECHS WORTE FASST

Ob die Geschichte stimmt, weiß niemand, aber sie ist gut: Ernest Hemingway saß mit Schriftstellerkollegen im New Yorker Restaurant Lüchow's und trank. Sie sprachen über dies und jenes und irgendwann über die ideale Länge eines guten Romans. Hemingway behauptete, er könne einen Roman mit nur sechs Worten schreiben. Die anderen wetteten je zehn Dollar dagegen. Hemingway schrieb auf eine Serviette den Satz: »For sale: Baby shoes, never worn.« (Zu verkaufen: Babyschuhe, nie getragen). Sechs Worte, dahinter: eine Tragödie. Wer da nicht schlucken muss, hat einen Stein, wo andere ein Herz haben.

Der Herausgeber Larry Smith bat 2006 unterschiedliche Personen, ihr Leben in sechs Worten zu erzählen. Ein Klempner schrieb: »Repariere Toiletten und werde scheiße bezahlt«, eine Frau reduzierte ihr Leben auf: »Nach dem Abschluss Kind mit Heroinsüchtigem«, ein Friseur bekannte: »Ich hatte mir das anders vorgestellt.« Eine Mittdreißigerin zitierte Immanuel Kant: »Es ist bequem, unmündig zu sein«, und ein junger Mann mit arabischen Wurzeln stellte klar: »Ich bin ein Moslem, kein Terrorist.« Die formale Strenge erwies sich nicht als einengend, sondern war vielmehr befruchtend, und im Zeichen der verkürzten Sprache von Social Media, der 140-Zeichen-Twitter-Logik, der zwanghaften Knackigkeit von Texten, entwickelten sich die Sechs-Wort-Geschichten zu einem Hit.

Der Gedanke hinter der Verkürzung: Sprache ist etwas Wunderschönes, ihre Vielfalt und Komplexität ist ein Spiegel der Tiefe menschlichen Empfindens, sie ist aber auch ein vortreffliches Hilfsmittel, mit dem man wortreich um den heißen Brei herumreden kann. Die Sechs-Wort-Regel ist keine Absage an ausufernde Schachtelsatzkonstruktionen oder endlose Einfügungen, auch Hemingway war der Ansicht, dass sich nicht jeder Gedanke reduzieren lässt. Aber vor dem Schreiben (oder Sprechen) sollte man sich diese Frage stellen: Was will ich wirklich sagen?

Merksatz: Wer etwas Wichtiges zu sagen hat,
macht keine langen Sätze.

# 30 Das Harvar

Woran Sie beim V

Sache

Gemeinsamkeit

gut gen

-Konzept
andeln denken sollten
ht Person
icht Unterschiede
icht perfekt

## WORAN SIE BEIM VERHANDELN DENKEN SOLLTEN

Die Kunst des Verhandelns ist die Kunst, Lösungen in scheinbar ausweglosen oder festgefahrenen Situationen zu finden. Das »Harvard Konzept«, eine der zentralen Verhandlungsstrategien, operiert nach drei klaren Grundsätzen. Denken Sie an eine Verhandlungssituation – den Lohn mit der Chefin, das Taschengeld mit den Eltern oder die Lösegeldforderung eines Erpressers – und versuchen Sie, die Prinzipien auf diese Situation anzuwenden:

**Sache, nicht Person:** Lassen Sie sich nicht von der (fehlenden) Sympathie für das Gegenüber lenken.
**Interesse, nicht Position:** Denken Sie nicht: Ich bin in der schwächeren (oder stärkeren) Verhandlungsposition. Fragen Sie sich: Was braucht die Gegenseite von mir? Haben wir gemeinsame Interessen?
**Richtige Lösung, nicht beste Lösung:** Ihr Ziel sollte nicht das maximal Mögliche sein. Denn Perfektion ist wie das Einhorn, jeder hat schon davon gehört, aber noch niemand hat es gesehen. Halten Sie also neben Ihrem Wunschverhandlungsziel bereits vor der Verhandlung einen Plan B in der Hinterhand. Dies nennt sich das BATNA-Prinzip (Best Alternative to a Negotiated Agreement) – es bietet die beste Alternative, wenn es nicht zu einer Einigung kommt.

Es gibt historisch gesehen zwei Verhandlungsschulen: Die einen meinen, man müsse »hart« verhandeln und die Gegenseite »besiegen« (»it's not enough to win, someone has to lose«); die andere empfiehlt, »weich« zu verhandeln, um die Beziehung zum Gegenüber nicht zu belasten. Das Harvard-Konzept gehört zur zweiten Schule: Sie empfiehlt kooperatives Verhandeln. Richtig verhandeln heißt hier, dass alle mehr bekommen, als sie sich ursprünglich erhofft hatten.

Merksatz: Warum zeigen sich Staatsoberhäupter bei Gipfeltreffen
lieber beim Spaziergang als am Verhandlungstisch?
Die Face-to-Face-Position am Tisch suggeriert Konfrontation,
der Spaziergang – Schulter an Schulter,
Blick in die gleiche Richtung – Einigkeit.

# 31 Interkulture
# Kommunika
## Wie man im Ausla

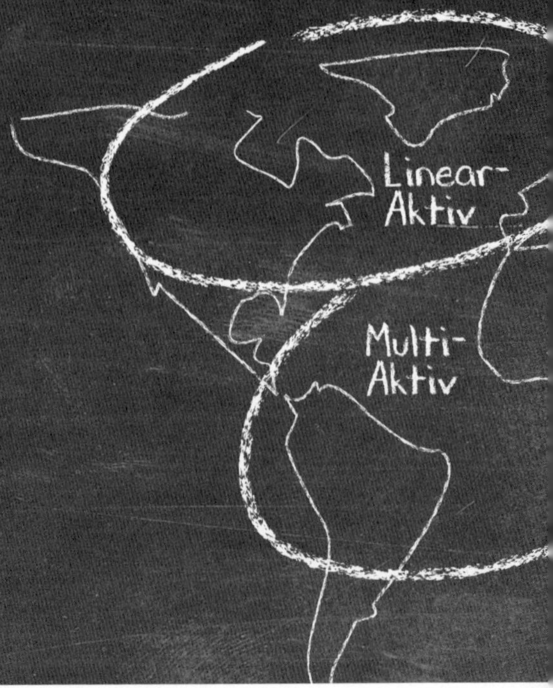

# e
# on
## verhandelt

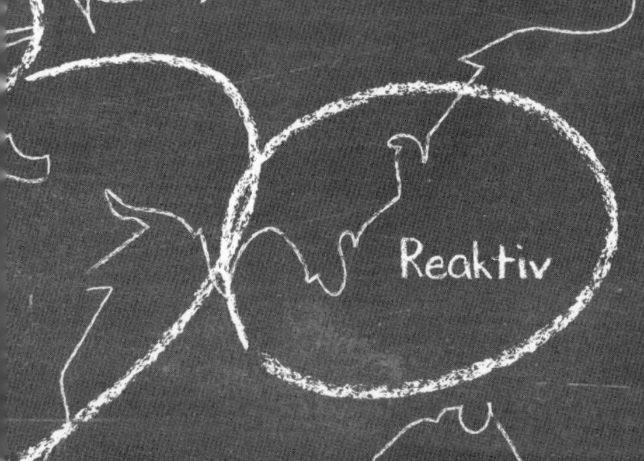

## WIE MAN IM AUSLAND VERHANDELT

Finnen sind introvertierte, schweigsame Menschen. »Es gab sogar mal einen Finnen, der liebte seine Frau so sehr, dass er es ihr fast gesagt hätte.« Das ist ein Witz und ist doch keiner. Denn wer schon einmal in Berührung mit anderen Kulturkreisen kam, weiß, dass man sich auf Stereotype und Vorurteile (Schott*innen sind sparsam, Schweizer*innen pünktlich, Italiener*innen lebensfroh etc.) nicht verlassen kann – und dass doch einigen Klischees ein wahrer Kern innewohnt. Vereinfacht lässt sich sagen: Vieles trifft zu, aber wenn man in die Kultur eintaucht, wird aus Schwarz-Weiß Grau.

Um eine Kultur kennenzulernen, genügt es nicht, ihre Sprache zu beherrschen – die feinen Unterschiede zeigen sich in unserer Art zu kommunizieren. Das Fachwort hierfür heißt »Interkulturelle Kommunikation«. Begründet wurde sie von dem Niederländer Geert Hofstede, ihr interessantester Vertreter ist der Brite Richard D. Lewis. In seinem Buch *When Cultures Collide* (2005) erkennt er bei der Kommunikation und im Verhalten im Wesentlichen drei Kulturgruppen:

1. **Die Linear-Aktiven**, hierzu zählen unter anderem Deutschland, die Schweiz, England oder die USA; sie reden ungefähr genauso viel, wie sie zuhören, haben eine eher limitierte Körpersprache, sind höflich, aber direkt, konfrontieren mit Fakten und legen Wert auf das geschriebene Wort. Sie machen nicht zwei Dinge gleichzeitig.

2. **Die Multi-Aktiven**, wie Lateinamerika, Südeuropa, große Teile Afrikas, aber auch der arabische Raum, reden viel, gestikulieren geübt, sind emotional, jonglieren mit Fakten, legen Wert auf das gesprochene Wort und machen viele Dinge gleichzeitig.
3. **Die Reaktiven**, wie Japan oder China oder Korea, haben einen geringeren Redeanteil und versuchen, das Gegenüber zuerst zum Reden zu bringen; sie haben eine feine Körpersprache, sind höflich und indirekt, konfrontieren nicht und legen Wert auf Face-to-Face-Kommunikation.

Anders als unser schematisches Schaubild nahelegt, gibt es keine reinen Zuordnungen, sondern bloß Spektren. Indien zum Beispiel hat Einflüsse sowohl reaktiver als auch multiaktiver Elemente. Kanada befindet sich im Grenzbereich zwischen linear-aktiv und reaktiv.

Merksatz: Je besser wir die kulturellen Normen und Gepflogenheiten einer Kultur kennen, desto leichter geht die Kommunikation.

# Selbst & Erkenntnis

# 32 Das Selbstg

Wie man sich selb

# spräch

(de-)motiviert

aub nicht alles,
s du denkst.

Auguste Rodin, »Der Denker«)

# WIE MAN SICH SELBST (DE-)MOTIVIERT

Selbstgespräche haben zwei verschiedene Funktionen: Zum einen ist da das unbewusste Gebrabbel kleiner Kinder beim Spielen oder das laute Nachdenken der Kandidat*innen einer Fernsehshow wie *Wer wird Millionär*. Diese Arten von Selbstgesprächen nannte der Entwicklungspsychologe Jean Piaget »egozentrisches Sprechen«. Er glaubte, es sei ein Zeichen kognitiver Unreife. Heute wissen wir, dass »lautes Denken« eine hervorragende Methode ist, um unsere Gedanken zu sortieren und die Konzentration zu fördern.

Die zweite Funktion des Selbstgesprächs ist der innere Dialog mit uns selbst: Man kommentiert das eigene Handeln, ein bisschen wie ein Sportkommentator die Ereignisse auf einem Fußballplatz (mit dem Unterschied, dass der Fußballer den Kommentar nicht hören kann, während wir unseren »inneren Moderator« ständig im Ohr haben). Die Psychologie hält das für eine gesunde Art der Selbstevaluation. Unterschieden wird allerdings zwischen positiven und negativen Selbstgesprächen:

Ein negatives Selbstgespräch enthält typischerweise einen dieser Gedanken:

**Generalisierung**: »Ich wurde schon zweimal verlassen – ich werde immer verlassen.«
**Vorschnelle Schlüsse**: »Warum meldet sie sich nicht bei mir? Ich glaube, sie mag mich nicht.«

**Selbstvorwürfe**: »Ich hätte es anders machen sollen« oder »Ich bin ein schlechter Mensch«.

Einem positiven Selbstgespräch liegt die Fähigkeit zugrunde, die obigen Denkmuster zu durchbrechen. Es geht nicht darum, die eigene Welt schönzureden, sondern darum, sich selbst aus einem Kreislauf des negativen Denkens zu befreien. Ein Beispiel: Wenn Sie sich sagen: »Das schaffe ich nie«, fragen Sie sich stattdessen: »Was kann ich tun, damit ich es schaffe?«

Merksatz: Selbstgespräche haben zwei Funktionen: erstens Konzentration und zweitens Motivation.

# 33 Die Sorry-M

Wie man sich richt
das Gegenüber ver

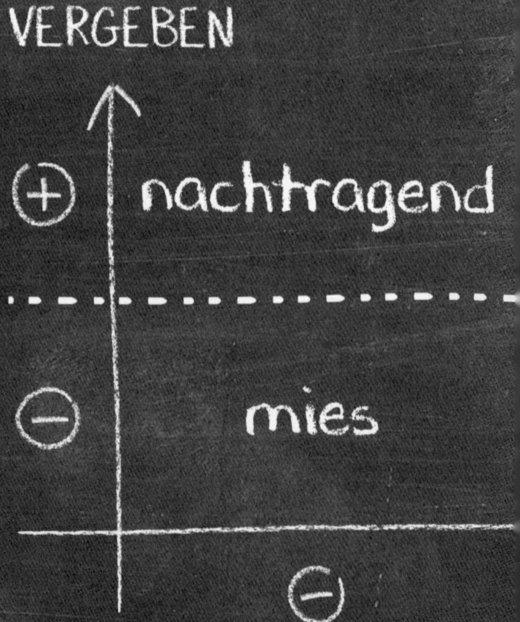

## trix

entschuldigt, damit
t und vergisst

weise

gestört

→ VERGESSEN

⊕

## WIE MAN SICH RICHTIG ENTSCHULDIGT, DAMIT DAS GEGENÜBER VERGIBT UND VERGISST

Sich entschuldigen (eigentlich: um Entschuldigung bitten) ist eine der schwierigsten zwischenmenschlichen Kommunikationssituationen. Ein Forscherteam an der University of Ohio hat sich vor einigen Jahren der Sache angenommen und verschiedene Herangehensweisen durchgespielt. Hier die wichtigsten Erkenntnisse im Überblick:

1. **Benutzen Sie »Ich«-Sätze**
   Sich entschuldigen bedeutet, die volle Verantwortung für etwas zu übernehmen. Sätze wie »Es tut mir leid, dass deine Gefühle verletzt wurden« oder »Es tut mir leid, dass du so aufgebracht bist« sollten vermieden werden (denn das heißt: Ich habe daran eigentlich keinen Anteil, dass deine Gefühle verletzt sind). Sagen Sie, wie es ist: »Es tut mir leid, dass ich deine Gefühle verletzt habe.« Am ehesten wird vergeben, so die Forscher*innen, wenn jemand die volle Verantwortung für seine Taten übernimmt.

2. **Rechtfertigen Sie nicht Ihre Handlung**
   Es ist ein natürlicher Reflex, das eigene Verhalten rechtfertigen zu wollen. Aber auch ein idiotischer. Denn eine Rechtfertigung spricht der Entschuldigung ihren Bedeutungsgehalt ab. Besonders kontraproduktiv sind folgende Sätze: »So schlimm war das doch nicht« oder »Ich kann nicht anders«. Die verletzte Person wird eher dazu bereit sein, zu vergeben, wenn Sie eine Begründung statt einer Rechtfer-

tigung liefern. Am effektivsten ist eine Begründung bei gleichzeitigem Schuldeingeständnis.

3. **Vermeiden Sie »aber«-Sätze**
   Eine Entschuldigung, in der das Wort »aber« vorkommt, wird so gut wie nie als Entschuldigung verstanden, sondern als Ausrede. Lassen Sie die Finger davon.

4. **Bitten Sie nicht um Vergebung**
   Wenig effektiv ist die Bitte um Vergebung. Die könne man sich fast sparen, so die Forschung. Niemand erteilt gern Absolutionen.

5. **Verändern Sie sich**
   Selbst die ehrlichste Entschuldigung ist wertlos, wenn Sie Ihren Fehler dreimal wiederholen. Eine Entschuldigung ist vor allem ein Commitment zu einer Veränderung und ein Angebot zur Wiedergutmachung.

Merksatz: Entschuldigungen funktionieren nur, wenn sie ehrlich gemeint sind.

## 34 **Weiße Lüge**

Wie man auf die
»Wie sehe ich aus

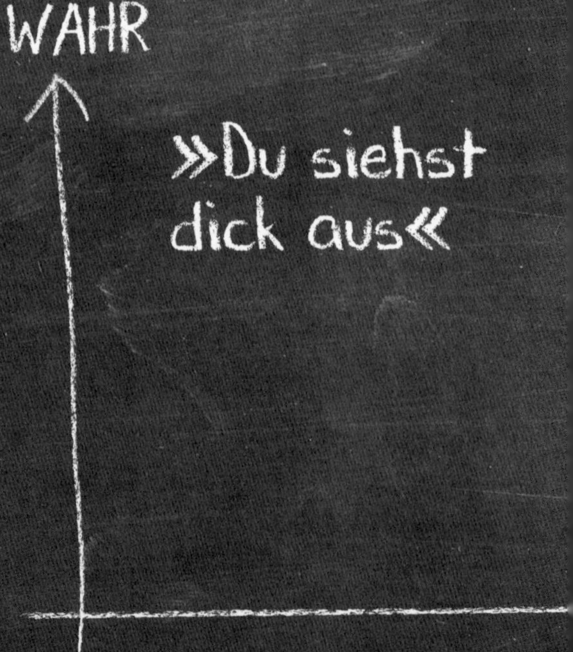

ge antwortet:

»Du siehst toll aus«

»Hast du abgenommen?«

——————> NETT

# WIE MAN AUF DIE FRAGE ANTWORTET: »WIE SEHE ICH AUS?«

Wahr ist: Alle Menschen lügen. In bestimmten Situationen, zum Beispiel wenn wir unter Druck stehen, uns rechtfertigen müssen oder einen guten Eindruck vermitteln wollen, neigen wir eher zum Tricksen und Flunkern, als wenn wir uns entspannt und selbstsicher fühlen. Aber auch nicht jede Lüge ist ethisch gesehen falsch. In der Kommunikationstheorie unterscheidet man Lügen anhand von zwei Parametern: Profitiere ich von der Lüge, oder profitiert der oder die Belogene davon? Daraus ergeben sich vier verschiedene Kategorien:

1. **Weiße Lüge:** Der oder die Belogene profitiert. Es ist die *feine*, die selbstlose Lüge, bei der ich einen möglichen Schaden in Kauf nehme, um jemand anderem zu helfen. Hierbei versetzt man sich typischerweise in die Lage des Gegenübers und verteidigt beispielsweise die Existenz des Weihnachtsmannes, im Wissen, dass die Lüge zu gegebener Zeit auffliegen wird. Das altruistische Lügen gibt uns ein gutes Gefühl.

2. **Graue Lüge:** Lügner*innen und Belogene profitieren. »Du hast abgenommen« – Graue Lügen sind oft Teil kultureller Normen. Auf die Frage »Wie geht es dir?« erwartet man in vielen Situationen eine Lüge als Antwort: »Danke, blendend!«

3. **Schwarze Lüge:** Der oder die Lügner*in profitiert. Obwohl wir schuldig sind, weisen wir jeden Vorwurf von uns: »Nein, ich habe das Fahrrad nicht gestohlen!« Hier wird kalt zum eigenen Vorteil gelogen.

4. **Rote Lüge:** Niemand profitiert. Die niedrigste Art des Lügens. Hier geht es um Rache und Zerstörung, mitunter ohne Rücksicht auf den eigenen Schaden.

Merksatz: »Die Lüge ist ein trauriger Ersatz für die Wahrheit.
Aber sie ist der einzige, den man bislang entdeckt hat.«
*Elbert Hubbard*

# 35 Aktives Zuh

Wie man (nicht) ga

## ren

Ohr ist

# WIE MAN (NICHT) GANZ OHR IST

Paradoxerweise ist in unserem Zeitalter der Dauerkommunikation der eigentliche Rohstoff des Dialogs verlorengegangen: das Zuhören. Genuines, echtes Zuhören ist ein seltenes Gut und ein großes Geschenk, denn wem Sie zuhören, dem schenken Sie Ihre Zeit.

Hier ein paar Hinweise, wie Sie es richtig machen:

**1. Hören Sie wirklich zu**
Sobald Sie überlegen, was Sie als Nächstes fragen könnten (oder was Sie heute Abend kochen wollen) oder lieber von sich erzählen zu wollen, haben Sie die Aufmerksamkeit verloren. Ihr Gegenüber wird das merken und das Gefühl haben, Sie seien nicht bei der Sache. Was Sie auch nicht sind.

**2. Seien Sie kein Satz-Vollender**
Manche Menschen neigen dazu, ungeduldig die angefangenen Sätze oder Gedanken des Gegenübers zu Ende zu sprechen. Sosehr langsames Denken und Sprechen nerven kann – unterbrechen Sie das Gegenüber nicht.

**3. Ihr Körper verrät viel**
Schauen Sie dem Gegenüber in die Augen – aber starren Sie nicht. Nicken Sie – aber nur, wenn Sie Zustimmung geben wollen oder glauben, etwas Wichtiges verstanden zu haben.

### 4. Merken Sie sich die kleinen Dinge

Achten Sie auf Details in der Erzählung und greifen Sie diese später auf. Das erleichtert das Nachfragen. (»Sie erwähnten, dass Sie als Kind oft bei Ihrer Großmutter waren – wie war die Beziehung zu ihr?«) Und gibt dem Gegenüber das Gefühl, dass Sie wirklich zugehört haben.

### 5. Seien Sie ein Freund, kein Richter

Widerstehen Sie dem Impuls, dem Gegenüber einen Ratschlag zu geben – es sei denn, Sie werden explizit danach gefragt. Führen Sie lieber das Gespräch zurück zu einem spannenden, wichtigen Teil der Erzählung: »Vorhin sagtest du, dass …« Führen Sie weg von der glatten Oberfläche hin in tiefere Schichten: »Wie war das für Sie, als Sie …?« Oder verführen Sie zum Weiterreden, indem Sie ganz einfach fragen: »Und was passierte dann?«

Merksatz: »The most romantic gift:
to listen to another's anxieties for one hour, without judgement
or ›solutions‹, as an analyst might.«
*Alain de Botton*

# 36 Das Eisberg

Was unter der Ob

Und, wie war es
in der Schule?

# modell

## fläche passiert

# WAS UNTER DER OBERFLÄCHE PASSIERT

Das am häufigsten genannte, mithin einfachste und zugleich unergründlichste aller Kommunikationsmodelle ist das sogenannte »Eisbergmodell«.

Sigmund Freud, der Begründer der Psychoanalyse, glaubte, dass der größte Teil des menschlichen Handelns unbewusst bestimmt wird. Wie bei einem Eisberg, bei dem nur die Spitze aus dem Wasser ragt, und ein meist viel größerer, weitgehend unsichtbarer Teil unter der Wasseroberfläche liegt. (Es sei an dieser Stelle darauf hingewiesen, dass nie abschließend geklärt werden konnte, wer auf diese brillante Metapher kam. Freud war es nicht; manche verweisen auf Ernest Hemingway, der in den 1930er-Jahren proklamierte, beim Schreiben müsse man nicht alle Details seiner Hauptfigur preisgeben → **Sechs-Wort-Regel** (S. 124). Es genüge, wenn, wie bei einem Eisberg, ein Fünftel über Wasser zu erkennen sei.)

Übertragen auf Kommunikation, interpretiert man die Eisberg-Metapher folgendermaßen: Der sichtbare, bewusste Teil eines Gesprächs wird als »Sachebene« bezeichnet (*was* wir sagen oder auch *worüber* wir sprechen), der unbewusste als »Beziehungsebene« (*wie* wir etwas sagen) → **Lasswell-Formel** (S. 28), → **Watzlawicks Axiomtheorie** (S. 62). Das heißt, wir können unsere Worte und Gesprächsthemen zwar bewusst wählen, aber unsere Gestik, Mimik oder Stimmlage wird unsere heimlichen Hoffnungen, verdrängten Konflikte, traumatischen Erlebnisse, niederen Triebe und tierischen Instinkte verraten und an das Unbewusste im Gegenüber appellieren. Die Beziehungsebene entscheidet darüber, wie wir wahrgenommen werden und wie wir andere wahrnehmen.

Wenn uns beispielsweise eine Person, der wir vertrauen, kritisiert, dann können wir das annehmen, weil die »Beziehungsebene« stimmt. Wenn uns die Person hingegen unsympathisch ist, die Beziehungsebene also gestört, dann reagieren wir typischerweise abwehrend, selbst wenn die Kritik berechtigt ist.

Merksatz: Bei einem Eisberg befindet sich der größte Teil – etwa achtzig Prozent – unterhalb der Wasseroberfläche. In der Kommunikation liegen die Gründe, warum uns etwas überzeugt, verängstigt oder begeistert, ebenfalls oft im Verborgenen.

# 37 Die Schweig

Warum wir uns nich
unsere Meinung zu

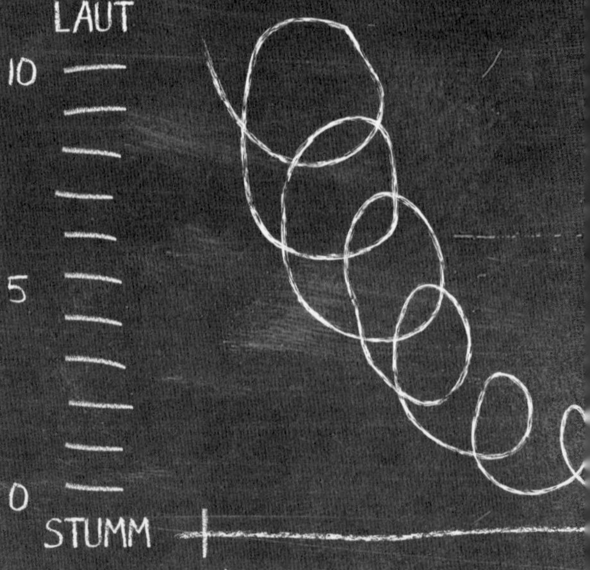

## espirale

trauen,

sagen

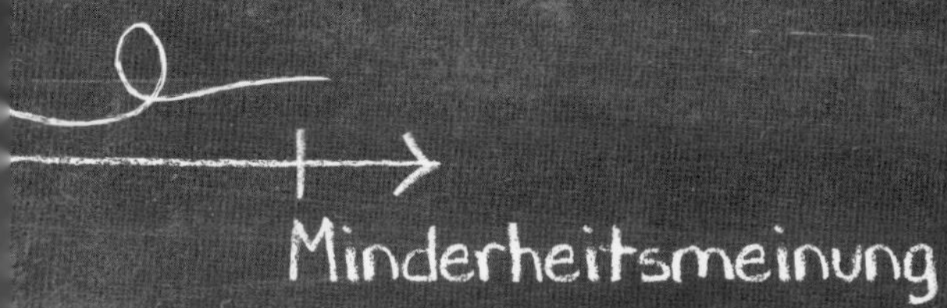

# WARUM WIR UNS NICHT TRAUEN, UNSERE MEINUNG ZU SAGEN

Angenommen, Sie hätten eine fünfstündige Zugfahrt vor sich, und im voll besetzten Abteil beginnt eine Person, über eine von ihr gewünschte Verschärfung des Asylrechts zu sprechen. Würden Sie sich gern mit dieser Person unterhalten, oder lieber nicht?

Dies ist der »Eisenbahntest«, mit dem die deutsche Sozialforscherin Elisabeth Noelle-Neumann untersuchen wollte, wer öffentlich zu seiner Meinung steht und wer eher nicht. Ihre Hypothese: Die Bereitschaft der Menschen, sich öffentlich zu ihrer Meinung zu bekennen, schwindet, wenn sie glauben, dass die eigene Auffassung von der Mehrheitsmeinung abweicht. Wir sind nicht gern anderer Meinung als andere. Wenn wir merken, dass die meisten in einer Gruppe anderer Meinung sind, schweigen wir. Das Phänomen nennt sich »Schweigespirale« und lässt sich am besten anhand dieser sechs Punkte erklären, wobei die letzten beiden die wichtigsten sind:

Die meisten Menschen haben **Isolationsangst** und beobachten das Verhalten anderer, um einschätzen zu können, welche Meinung Zustimmung oder Ablehnung findet. »Wir fürchten die Absonderung mehr als den Irrtum«, schrieb Alexis de Tocqueville bereits im 18. Jahrhundert.
Menschen üben auf andere sogenannten **Isolationsdruck** aus: Wir verziehen den Mund, verdrehen die Au-

gen oder wenden uns ab, wenn jemand etwas sagt, das nicht der vorherrschenden Meinung entspricht.

Isolationsangst und Isolationsdruck laufen häufig unbewusst ab. Wir denken nicht laufend darüber nach, inwieweit wir uns an der öffentlichen Meinung orientieren.

Menschen neigen dazu, ihre eigene Meinung zu verschweigen, wenn sie denken, dass sie sich dadurch dem Isolationsdruck anderer aussetzen würden. Wenn wir hingegen öffentlich Unterstützung spüren, wollen wir eher unsere Meinung laut und deutlich äußern.

Herrscht in einer Gruppe zu einem Thema Konsens, ist es unwahrscheinlich, dass eine Schweigespirale folgt.

Die tatsächliche Größe der Meinungslager muss nicht ausschlaggebend sein. Die Meinung einer Minderheit kann als Mehrheit erscheinen, wenn ihre Anhänger*innen selbstbewusst genug auftreten und ihre Meinung öffentlich mit Nachdruck vertreten.

Merksatz: Wir werden leiser, wenn wir glauben, dass wir in der Minderheit sind. Oder wenn die Öffentlichkeit beziehungsweise deren Meinungsführer*innen uns vermitteln, dass wir nicht in der Mehrheit sind.

38 **Die Assimila**
**Kontrastthe**

Welche unserer Meir

# ions-
# rie

ngen wir nie ändern

(unmögliche
Position)

# WELCHE UNSERER MEINUNGEN WIR NIE ÄNDERN

Eine Frage, die die Kommunikationsforschung seit Langem beschäftigt, ist diese: Wann lassen sich Menschen zu etwas überreden und wann nicht? Wie kommt es, dass manche Haltungen nie zur Disposition stehen (wie etwa Fan eines bestimmten Fußballclubs oder gegen Impfungen zu sein), andere hingegen ständig neu verhandelt werden (zum Beispiel die Lieblings-TV-Serie)?

Warum das so ist, erklärt die »Assimilations-Kontrasttheorie«, die unter ihrem englischen Namen eine größere Bekanntheit genießt: »Social Judgement Theory«. Sie gehört zu den sogenannten Metatheorien, die mehrere Ansätze umfasst und besagt, dass drei Faktoren mitspielen, wenn es darum geht, uns von einer anderen Meinung zu überzeugen:

**Der Anker:** Das ist unsere grundsätzliche Haltung zu einem Thema. Diese Haltung wiegt schwer, und wir werden sie vermutlich nicht ändern, egal, welche Information wir erhalten. Wenn wir also erfahren, dass die Spieler*innen unseres Lieblingsclubs Spiele manipuliert haben – ja, das würde uns erschüttern, aber würden wir die jahrelang gepflegte Liebe aufkündigen?

**Der Spielraum:** Hier geht es darum, welche alternativen Positionen wir akzeptabel finden, unabhängig von unserer eigenen. Das sind Positionen, mit denen wir uns anfreunden können, ohne unseren Anker zu verlieren. Aus einer solchen Annäherung an alternative

Sichtweisen kann langfristig ein Meinungswechsel entstehen.

**Die Ego-Involviertheit:** Das komplizierteste Feld: Was sagt unser Ego? Das berühmteste Beispiel ist die Todesstrafe. Sie verstößt gegen unseren Anker, die Einhaltung der Menschenrechte. Wir haben hier wenig Spielraum. Und doch ist es denkbar, dass wir bei einer persönlichen Involviertheit einem Täter oder einer Täterin den Tod wünschen und damit, zumindest für einen Moment, unsere Meinung ändern.

Merksatz: Je stärker unser »Anker« ist, also unsere dezidierte Haltung zu einem Thema, desto schwieriger ist es, uns von einer anderen Meinung zu überzeugen. Je stärker Sie am Anker Ihres Gegenübers zerren, desto stärker wird sein oder ihr Widerstand. Wie man es trotzdem schaffen kann? → **Die Arschloch-Methode** (S. 112).

# 39 Der Small T

## Wie Sie mit Fremd

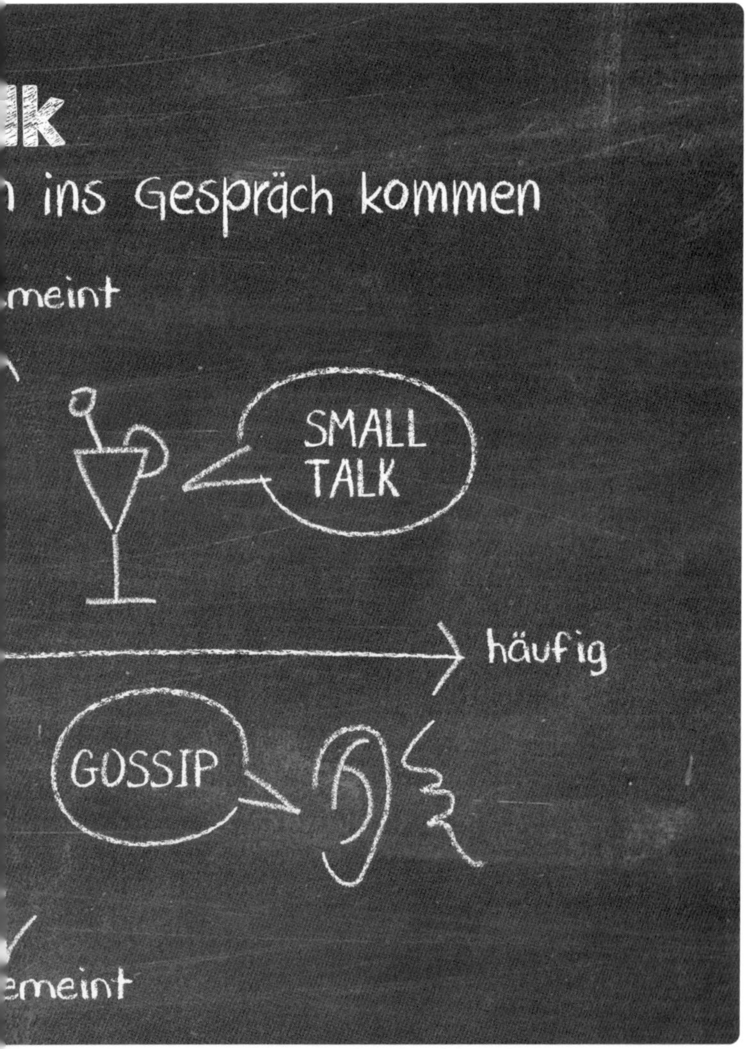
ins Gespräch kommen
SMALL TALK
häufig
GOSSIP

## WIE SIE MIT FREMDEN INS GESPRÄCH KOMMEN

Small Talk ist eigentlich etwas sehr Großes. Wer es schafft, das Gespräch mit Unbekannten zu beginnen, das Eis zu brechen, Fremde wie Freunde zu behandeln, dem gehört die Welt → **Prousts Fragebogen** (S. 90). Aber es ist so verdammt schwierig. Zu Small Talk findet sich wenig seriöse Forschung und kaum verlässliche Theorien, dafür umso mehr Tipps aus der Praxis:

1. **Fragen Sie nicht: »Was machen Sie beruflich?«:** Die einen reden gern über ihren Job und werden Sie damit nerven. Die anderen schämen sich ihres Jobs, hassen ihn oder haben keinen – und reden ungern darüber. Fragen Sie lieber: »Womit beschäftigen Sie sich zurzeit?« Das Gegenüber kann wählen, worüber es sprechen will.

2. **Stellen Sie eine zweite Frage:** Viele fragen etwas und warten dann auf die Rückfrage des Gegenübers, um selber reden zu können. Das ist kein Gespräch. Wenn Sie fragen: »Wo sind Sie geboren?«, dann könnte eine gute Folgefrage lauten: »Wie wäre Ihr Leben, wenn Sie noch immer dort leben würden?«

3. **Fragen Sie um Rat (gilt besonders, wenn Sie mit Männern sprechen):** Die meisten lieben es, Ratschläge zu geben. Beginnen Sie Ihren Small Talk also mit einer Bitte um Rat: »Ich will mir ein Smartphone (oder ein Auto oder ein Buch) kaufen, kann mich aber nicht entscheiden.« Die meisten

werden freudig loslegen. Anschließend bedanken Sie sich für den Tipp, das Gegenüber wird sich fühlen wie ein Feuerwehrmann nach erfolgreichem Löscheinsatz. Die Psychologie dahinter: Wenn Sie um Rat fragen, kreieren Sie Nähe, und Nähe macht Ablehnung schwierig. Wenn Sie also jemanden für sich gewinnen wollen, ist es gut, die Person als Erstes um Rat zu fragen.

4. **Reden Sie nicht über Dinge, die Sie interessieren:** Wir sprechen am liebsten über Dinge, die *uns* interessieren. Was dazu führt, dass wir nicht mehr zuhören, sondern abwarten, bis wir mit dem Reden an der Reihe sind und dann dem Gegenüber die Welt erklären. Ein Gespräch ist aber keine Powerpoint-Präsentation. Seien Sie die Person in der Runde, die sich für die Themen der anderen interessiert.

5. **Lächeln Sie:** Die oberste Regel beim Small Talk lautet: Es ist egal, ob Sie etwas Ernstes, Langweiliges oder Kluges sagen. Wichtig ist, dass Sie dem Gegenüber aufrichtig interessiert in die Augen schauen und lächeln. Die Menschen vergessen, worüber sie mit Ihnen sprachen, aber nicht, wie sie sich in Ihrer Gegenwart fühlten.

Merksatz: Wir haben zwei Ohren und nur einen Mund,
damit wir doppelt so viel zuhören, wie wir reden.

# Anhang

**Agenda-Setting:** Maxwell E. McCombs, Donald L. Shaw, »The Agenda-Setting Function of Mass Media«, in: *The Public Opinion Quaterly,* Vol. 36, No. 2, 1972.

**Aktives Zuhören:** Carl R. Rogers: *Die nicht-direktive Beratung.* 1985.

**Arschloch-Methode:** Robert Greene, *The 48 Laws of Power*, 1998.

**Assimilations-Kontrasttheorie:** Muzafer Sherif, Carl Hovland, Social Judgment: *Assimilation and Contrast Effects in Communication and Attitude Change*, 1961.

**Beobachtung zweiter Ordnung:** Niklas Luhmann, *Die Kunst der Gesellschaft*, 1997.

**Mitarbeitendengespräch:** Warren Bennis, *On Becoming a Leader*, 1989.

**Eisbergmodell:** Floyd L. Ruch, Philip G. Zimbardo, *Lehrbuch der Psychologie*, 1990.

**Encoding/Decoding:** Stuart Hall, *Encoding/Decoding. Culture, Media, Language*, 1980.

**Euphemismus:** Malcolm Kushner, *Rhetorik für Dummies*, 2015.

**Feministische Linguistik:** Luise F. Pusch, Die Frau ist nicht der Rede wert: Aufsätze, Reden und Glossen, 1998.

**FOMO-Phänomen:** A. K. Przybylski, K. Murayama, C. R. DeHaan, V. Gladwell, »Motivational, emotional, and behavioral correlates of fear of missing out«, in: *Computers in Human Behavior*, No. 29, 2013.

**Gewaltfreie Kommunikation:** Marshall B. Rosenberg, *Gewaltfreie Kommunikation*, 2012.

**Harvard-Konzept:** Roger Fisher, William L. Ury, Bruce M. Patton, *Getting to Yes: Negotiating Agreement Without Giving In*, 1991.

**Interkulturelle Kommunikation:** Richard D. Lewis, *When Cultures Collide*, 2008.

**Konstruktivismus:** Frank Hartmann, *Medien und Kommunikation*, 2008.

**Kooperationssprinzip:** Herbert Paul Grice, *Studies in the Way of Words*, 1989.

**Kultivierungsthese:** George Gerbner, Larry Gross, »Living with Television: The Violence Profile«, in: *Journal of Communication*, Vol. 26, No. 2, 1976.

**Lasswell-Formel:** Harold D. Lasswell, *The Structure and Function of Communication in Society*, 1948.

**McLuhans Medientheorie:** Marshall McLuhan, *Understanding Media: The Extensions of Man*, 1964.

**Prousts Fragebogen:** William C. Carter, Henry-Jean Servat, *The Proust Questionnaire*, 2005.

**Rahmeneffekt:** Erving Goffman, *Wir alle spielen Theater. Die Selbstdarstellung im Alltag*, 2003.

**Rhetoriktheorie:** Aristoteles, Franz G. Sieveke (Hrsg.), *Rhetorik*, 1980.

**Salamitaktik:** Maria Palasik, *Chess Game for Democracy: Hungary Between East and West*, 1944–1947, 2011.

**Schulz von Thuns Kommunikationsmodell:** Friedemann Schulz von Thun, *Miteinander Reden 1: Störungen und Klärungen*, 1981.

**Schweigespirale:** Elisabeth Noelle-Neumann, *Die Schweigespirale. Öffentliche Meinung – unsere soziale Haut*, 1980.

**Sechs-Wort-Regel:** Larry Smith, *Not Quite What I Was Planning: Six-Word Memoirs by Writers Famous and Obscure*, 2008.

**Selbstgespräch:** Steven G. Rogelberg et. al. »The Executive Mind: Leader Self-Talk, Effectiveness and Strain«, in: *Journal of Managerial Psychology*, Vol. 28, No. 2, 2013.

**Sitzungsregeln:** Cyril Northcote Parkinson, *Parkinson's Law, and Other Studies in Administration*, 1957.

**Small Talk:** Gretchen Rubin, *The Happiness Project*, 2009.

**Sophismus:** Bertrand Russel, *Philosophie des Abendlandes*, 2004.

**Sorry-Matrix:** Roy J. Lewicki, Beth Polin, Robert B. Lount Jr., »An Exploration of the Structure of Effective Apologies«, in: *Negotiation and Conflict Management Research*, Volume 9, Issue 2, 2016.

**Spieltheorie:** Erwin Amann, *Spieltheorie für Dummies*, 2011.

**Standpunkttheorie:** Sandra Harding, *The Feminist Standpoint Theory Reader. Intellectual and Political Controversies*, 2003.

**Storytelling:** Walter Fisher, »Narrative Paradigm«, in: *A First Look at Communication Theory*, 2014.

William Labov, »Some Further Steps in Narrative Analysis«, in: *The Journal of Narrative and Life History*, No. 7, 1997.

**Transaktionsanalyse:** Eric Berne, *Die Transaktions-Analyse in der Psychotherapie: Eine systematische Individual- und Sozialpsychiatrie*, 1961.

**Treppenwitz-Phänomen:** William Lewis Hertslet, *Der Treppenwitz der Weltgeschichte. Geschichtliche Irrtümer, Entstellungen und Erfindungen*, 1882.

**Visuelle Kommunikation:** Roland Barthes, *Mythologies*, 1972.

**Watzlawicks Axiomtheorie:** Paul Watzlawick, Janet H. Beavin, Don D. Jackson, *Menschliche Kommunikation: Formen, Störungen, Paradoxien*, 1969.

**Weiße Lüge:** Sanjiv Erat, Uri Gneezy, »White Lies«, in: *Management Science*, Vol. 58, No. 4, 2012.

# DANK

An diesem Buch waren folgende Personen beteiligt, für deren Unterstützung wir sehr dankbar sind:

Peter Haag (fürs Ermöglichen), Marlene Iseli (für Hinweise zur Linguistik), Juri Jacquemet (ici c'est Bienne!), Jan-Dirk Kemming (für kluge Hinweise), Angelina Keller (fürs Dranbleiben), Julian Lambertin (fürs großzügige Teilhabenlassen an seinem Wissen), Benno Maggi (fürs Sparring), Gretchen Rubin (für Small Talk-Tipps), Ondine Riesen (fürs aktive Zuhören), Christian Rohner (für kristallklare Kommunikation), Ueli Schenk (für sein ebenso detailliertes wie horizonterweiterndes Feedback), Sara Schindler (fürs Lektorat), Franziska Schutzbach (für gendergerechte Sprache und ständigen Austausch), Marcelo Aragón Taravella (fürs innere Team), Detlef Vögeli (für kluges Feedback), Sven Weber (für die Visualisierung).

Wir bedanken uns besonders beim Museum für Kommunikation Bern, für das Vertrauen und die großartige Zusammenarbeit.

**Mikael Krogerus,** geboren in Stockholm, hat finnische Eltern und ist Redakteur bei *Das Magazin* in Zürich. Vorher arbeitete er unter anderem für *Der Freitag* und das *NZZ Folio*. Für einen Finnen redet er ungewöhnlich viel.

**Roman Tschäppeler,** geboren in Bern, gründete 2003 sein Studio guzo.ch, in dem er Filme und Kampagnen produziert und Firmen bei der Ideenentwicklung berät. Für einen Berner spricht er ungewöhnlich schnell.

Die beiden diplomierten Kaospiloten (Dänemark) sind die Autoren der internationalen Bestseller-Reihe *Kleine Bücher für große Fragen*. Sie reduzieren die Komplexität des modernen Lebens und begeistern damit Kindergärtner*innen gleichermaßen wie CEOs. Ihre Bücher wurden in mehr als 25 Sprachen übersetzt und verkaufen sich millionenfach.

www.rtmk.ch

1. – 6. Auflage August 2021 bis Januar 2025
7. Auflage Februar 2026

Überarbeitete Neuausgabe
Die Originalausgabe erschien 2017
unter dem Titel *Das Kommunikationsbuch*

Kein & Aber AG, Bäckerstrasse 52, CH-8004 Zürich, info@keinundaber.ch
Kontakt in der EU: Kein & Aber Verlag, Württembergallee 12, D-14052 Berlin,
berlin@keinundaber.de

Bildtafeln: Sven Weber
Druck und Bindung: Mega Basım, Istanbul
ISBN 978-3-0369-5861-3
Auch als eBook erhältlich

www.keinundaber.ch

# KLEINE BÜCHER FÜR GROSSE FRAGEN

Mikael Krogerus · Roman Tschäppeler

**ENTSCHEIDEN**
**Die besten Strategien für große Beschlüsse**

ISBN 978-3-0369-5858-3

**ERKENNEN**
**Das Psycho-Testbuch für Neugierige**

ISBN 978-3-0369-5859-0

**FRAGEN**
**Der Leitfaden für aufregende Gespräche**

ISBN 978-3-0369-5860-6

**MACHEN**
**Eine Anleitung fürs Loslegen, Dranbleiben und zu Ende führen**

ISBN 978-3-0369-5857-6